बारिश

बारिश

अवनीश कुमार

वाणी प्रकाशन

वाणी प्रकाशन

4695, 21-ए, दरियागंज, नयी दिल्ली 110 002

शाखा

अशोक राजपथ, पटना 800 004

फ़ोनः +91 11 23273167 फ़ैक्सः +91 11 23275710

www.vaniprakashan.in
vaniprakashan@gmail.com

BAARISH
by Avnish Kumar

ISBN : 978-93-5072-761-4
Ghazal/Nazm

प्रथम संस्करण
मूल्य : ₹ 495/-

हर्ष प्रिंटर्स, दिल्ली-110 093 में मुद्रित

वाणी प्रकाशन का लोगो मक़बूल फ़िदा हुसेन की कूची से

भाई अरुण माहेश्वरी के नाम...

—अवनीश कुमार

लफ़्ज़ों के खुले हैं लब जब भी

शाइरी की यह किताब आपके सामने है अब इसके सफ़र का आग़ाज़ होता है जहाँ-जहाँ शाइरी के कद्रदान रहते हैं, उन इंसानी बस्तियों तक...

आओ! ज़िन्दगी और शाइरी के हवाले से बात करें।...

ग़म के मारे सर झुकाये उदास बैठे हैं– अपनी ही ज़िन्दगी का बोझ उठाने से हलकान हुए लोग अपनी चाहत भी बयाँ नहीं करते। सदियों से नस्ल-दर-नस्ल इंसाफ़ की आस सँजोये लोग सवाल करते हैं– हमारी सुनवाई कब होगी? हम अपनी कहानी को अपनी ही तरह कहना चाहते हैं अगर हमारी ज़बान हमें लौटा दी जाए और कुछ वक़्त के लिए ही सही, हमारे लबों से बंदिशें हट जाएँ।

...मिट्टी तोड़ने वालों के सारे ख़्वाब हमने छिपा रखे हैं उनके ज़िस्मों और पसीने की ख़ुशबू दूधिया दानों में महकती है। सारी फ़सलें सूख रही हैं। मुद्दत से बादल का एक टुकड़ा भी इधर से नहीं गुज़रा। धूप की शिद्दतें ही हमारा नसीब हैं : बारिश की चाहत में हमने धूप ओढ़ रखी है। शाइरी की ज़मीन आवाज़ देती है...

हरी फ़सलें उसकी धरोहर हैं, उनके सरसब्ज़ रहने के लिए लाख-लाख दुआएँ की गईं। बादे-सबा का इन्तज़ार करने वाले ग़र्दो-गुबार से दो-चार हुए...फिर एक क़ाफ़िले का अक़्स उभरा जो अपनी ही धुन में चला जा रहा था। क़ाफ़िले में शामिल कई लोगों ने कभी कोई गीत नहीं गाया। उनके होंठों पर मुस्तकिल ख़ामोशी थी। जो गाते थे उनके नग़मे बेहद उदासी से भरे थे। सुनकर पलकें भीग जातीं, बोल आईना बन जाते जिनमें कई-कई अक़्स दिखाई पड़ते और ज़िन्दगी के ख़ूबसूरत दिनों की बेहद याद आती।

क़ाफ़िले में शामिल मुसाफ़िरों को देखो और उनके रंज़ो-ग़म को महसूस करने की

कोशिश करो। जो सुबह मंज़िल का चमकता ख़्वाब लेकर घर से निकले थे, दोपहर होते-होते हिरासां थे। साथ चलने वाले के रवैये से नाराज़ ग़मो-गुस्से में डूबे लोग अपनी मंज़िल का नाम मोहब्बत बताते थे... हर शख़्स खुद को राहबर कहता था लेकिन उसे शक था कि क़ाफ़िले में रहज़न भी शामिल हैं और उनकी पहचान की जानी चाहिए...अँधेरे और उजाले, सच और झूठ में फर्क बताने वालों को वक़्त ने इतने ग़म दिये कि पहचाने नहीं जाते थे...

इस समय को जिसे उत्तर-आधुनिक कहते हैं उसके दुख-सुख अलग थे। अपने सपनों को सच करने के लिए लोग अपनी ही तरह लड़े। हार कर जीते और जीत कर भी हार गये। स्वप्न और यथार्थ खुशी और मायूसी के अपने ही अन्तर्विरोध थे। तमाम कशम-कश के बाद भी सफ़र जारी रहा। शायद ऐसे ही लोगों के लिए एक प्रसिद्ध विचारक ने कहा था—"विचारणीय है कि कैसे लोग लड़ते और हारते हैं और जब उनकी हार के बावजूद वह मिल जाता है जिसके लिए वे लड़े थे तो पाते हैं कि यह तो वह नहीं है जिसके लिए वे लड़े थे और फिर उसके लिए दूसरे लोग दूसरे नाम से लड़ते हैं।"—**(विलियम मारिस—ए ड्रीम ऑफ जॉन बाल)**

शाइरी को अपने वक़्त और इंसान की गवाही देना था और बदलते मौसमों को अपने आईने में उतार लेना था, खुद शाइरी का सफ़र तन्हा था...हर नग़मा रूह के सुकून की तलाश था।

...अपने खेतों के बीच अकेले गुनगुनाते हुए—फ़सलों, दरख़्तों और परिन्दों को सुनाते हुए जब आँख भर आये तो समझना शाइरी सच्ची हुई... किसने और कब कहा था?

ज़िन्दगी की ज़मीनों पर जो हिस्सा अदब के लिए महफ़ूज था वह धीरे-धीरे कम होता गया जैसे शहरों के बेतरतीब फैलाव से गाँव और खेत सिमट जाते हैं। सुख़नदां का रंज़ सही था लेकिन शाइरी या आर्ट की कोई भी फॉर्म मुक़म्मल समाज के अहसास का हिस्सा नहीं बन सकी। फ़नकार जिनसे उम्मीद लगाये थे वह भी उसके क़रीब नहीं पहुँचे, ऊँचाइयों के मुश्किल सफ़र पर जाने वाले कम ही लोग थे। जो लोग शाइरी के बेहद मक़बूल होने का दावा करते थे, शायद उनकी मुराद स्टेज शो और मुशायरों से थी जहाँ मेआर नहीं, अदायगी ही ख़ास चीज़ थी...

शाइरी के वजूद में आने पर उसके 'ग्रो' करने का अहसास ज़िन्दगी के बेहद करीब

होना है। एक अहसास जो सुकूते लब है, वही धीरे-धीरे सुकूने-जां में तब्दील होता है। ज़िन्दगी के सारे मौसम सोच के घेरे में कैद हो जाते हैं और सही वक़्त पर कागज़ की ज़मीन पर उतरते हैं।

सलाह देने और हौसला बढ़ाने के लिए नेहा का शुक्रिया।
मयंक, सक्षम, उज्ज्वल और कनिष्क किताब देखकर खुश होंगे।
भाई ज्ञानेन्द्र, आदित्य, और डा. राजीव— उन्होंने हमेशा मेरा साथ दिया, उन्हें बहुत-बहुत स्नेह!

श्री पवन कुमार जी, जो अच्छे शाइर के साथ बड़े इंसान भी हैं। उनके साथ शाइरी की मुख़्तसर महफ़िलें याद रहेंगी...

अर्जुन सोलंकी, जिसने इस किताब को मेहनत से टाइप किया और किताब आने का इन्तज़ार किया।

कविता शब्द-दर-शब्द जो सफ़र तय करती है वह अन्ततः मौन की ही यात्रा है। उसे याद करना स्वयं को ही जानने का यत्न है जो बिना कुछ कहे ही सारी बात समझता है। सारे सुख़न उसी के हैं, उस तक पहुँचे तो हर बात बड़ी और मोतबर हो जाती है फ़िक्रो फ़न की सारी तराशें और शाइरी की तमाम शोहरतें जिसे सलाम करती हैं।

मौसम का पहलू बदलना है वो फ़स्ले गुल हो या कि ख़िज़ा
शाइर उसे अपने लहजे में तिरा आना जाना कहता है।

यह किताब तुम्हारे हाथों में सौंपते हैं...शुक्रिया!

अवनीश कुमार

अनुक्रम

ग़ज़लें

नज़्में

ग़ज़लें

1

फूलों में महक, सूरज में चमक, दरिया को रवानी[1] देता है
वही सोच को सुर, अहसास को रंग हर लफ़्ज़ को मानी देता है।

बच्चों की हंसी में शामिल है जो हिरन की आंख से झांकता है
ताइर के लिए उजली सुब्हें वो ही शाम सुहानी देता है।

वो ही भूके बच्चों की ख़ातिर रोटी का चांद तराशेगा
फ़सलों का दर्द समझता है जो अब्र को पानी देता है।

आग़ाज़ करे वो ही ख़त्म करे किरदार[2] का वो ही नसीब लिखे
वो सबसे बड़ा है क़िस्सागो जो हमको कहानी देता है।

भरपेट महाजन को मौला दहक़ान को एक निवाला नहीं
इसे ऊंची हवेली रहने को उसे टूटी छानी देता है।

जब तर्क़े मरासिम[3] को दोनों तसलीम कर चुके हैं फिर क्यों
जाते जाते मुझको अपनी तसवीर पुरानी देता है।

हम जानते थे फिर भी आए ख़ुशबू की कशिश ही ऐसी थी
हर टूटे दिल को ये गुलशन ज़ख़्मों की निशानी देता है।

---

1. प्रवाह, 2. चरित्र, 3. सम्बन्ध-विच्छेद।

2

बजा हैं तेरी शिकायतें तुझे हमने दिल से भुला दिया है
केः तूने भी तो हथेलियों से नाम मेरा मिटा दिया है।

किताब में अब तलक रखा है गुलाब वो जो दिया था तूने
मगर, ऐ-जानां! सुना है मेरे ख़तों को तूने जला दिया है।

ये तेरे रंग हैं ये तेरी सूरत ये ज़ीस्त[1] की ख़ुशबुओं का जादू
ये कैनवस है रूतों का जिसका परदा हमने हटा दिया है।

तू मीठे पानी का एक दरिया जो रेत ओढ़े सो रहा था
तुझे छुआ इस तरह से मेरी प्यास ने केः जगा दिया है।

मै बारिशों के रहम पे मेरी राह का फ़ैसला हवा पे
मै दिल का कोरा वरक़ था उसने मुझे सफ़ीना[2] बना दिया है।

वो आए तो है ख़ुदा की रहमत कि हमने आखें बिछा रखी हैं
जो पहलू में था धुआं धुआं उसे देहरी पे जला दिया है।

भिगो गई लज़्ज़तों[3] की बारिश शदीद ग़म की धूप थी यूं
मता-ए-जां[4] को गंवा के जिसने इश्क़ का मशविरा दिया है।

तेरे लबों पे पनाह लेगा कभी तो मेरी ग़ज़ल का ताइर[5]
क़फ़स-ए-लफ़्ज़ां[6] की क़ैद से ये परिन्द हमने उड़ा दिया है।

---

1. जीवन, 2. नाव, 3. आनन्द, 4. प्राणों की पूंजी, 5. पक्षी, 6. शब्दों का पिंजरा।

3

सोये हुए बेनाम चराग़ों को ख़बर कर
आता है कोई नूर सितारों से उतर कर।

साक़ी को देखते ही जैसे प्यास बुझ गई
खाली सा हो गया है मिरे जाम को भर कर।

टूटा जो अचानक तो कई अक्स भी टूटे
जाता भी कहां आईना मेआॅर[1] से गिर कर।

ख़ुशबू ने नयी ज़िन्दगी दे दी है गुलों को
कांटों से ज़ख़्म खा के हवाओं में बिखरकर।

साहिल[2] के घरौंदों से हवा खेल रही है
काग़ज़ के मकां मौसमे-बारिश की नज़र कर।

गहरा रही हैं छाप ख़ूं से तर हथेलियां
टूटेगी कभी रोज़ने - ज़िन्दां[3] भी सबर कर।

---

1. स्तर, 2. तट, 3. क़ैदखाने की खिड़की।

4

बारिश पहले भी थी पर धरती सैराब[1] न ऐसी थी
हर्फ़े-तमन्ना[2] सरे-शबिस्तां[3] महबे-ख़्वाब[4] न ऐसी थी।

आंख तरेरें सारे ख़ार बग़ावत पे आमादा हैं
गुलचीं[5] हैरतज़दा है पहले शाख़े-गुलाब न ऐसी थी।

हटा नक़ाब तो कायनात[6] का हुस्न सामने था लेकिन
दीदावरों[7] पे नज़र तो थी नज़रों में ताब न ऐसी थी।

तूने दिल से सदा नहीं दी हम तो लबे-दरिया[8] पे थे
डूब के पार नही हो जाती कोई चनाब न ऐसी थी।

वर्क़-वर्क़[9] तुझको पढ़ते हैं ज़ीस्त[10] के मानी खुलते हैं
कोई सबक नही था ऐसा कोई किताब न ऐसी थी।

1. भीगी हुई (तृप्त), 2. शब्दों की कामना, 3. शयनकक्ष में, 4. स्वप्न में डूबी हुई, 5. फूल चुनने बाला, 6. सृष्टि, 7. आँख बाले, 8. नदी के किनारे, 9. पृष्ठ दर पृष्ठ, 10. जीवन।

5

ऐ जलती धरती जो झुक रहे हैं उन बादलों का सलाम रख ले
हरेक कोंपल की है ये चाहत केः बारिशों का पयाम[1] रख ले।

सुब्ह की पहली किरन जो उतरी तो तेरे लब पे ठहर गई है
घटाओं पे, जो उठी है तेरे काकुलों[2] से, ये शाम रख ले।

बहुत दिनों से सोचते हैं कि हम भी बज़्मे-सुख़न[3] सजा लें
अगर तू ख़्वाबे-शहर से गुज़रे और एक शब का कयाम[4] रख ले।

प्यास लब से उतर के दिल के शबिस्तां[5] में जा के सो गई है
सुबह का तारा कहे कि जाओ तू अपने हाथों का जाम रख ले।

इन लफ़्जों का लिबास-ए-काग़ज़ी[6] भी जो लम्स[7] तेरा मिले तो महके
सुकूते - जां[8] के ही साथ लब पे अगर तू मेरा कलाम[9] रख ले।

1. संदेश, 2. केशराशि, 3. काव्य सभा, 4. प्रवास, 5. शयनकक्ष 6. कागज़ के वस्त्र, 7. स्पर्श, 8. प्राणों का मौन, 9. काव्य।

6

ये जंग जीती है नफ़रतों ने, अमन के लश्कर बिखर गये हैं
झुकी मीनारों को देखो, अहदो-वफ़ा[1] के परचम उतर गये हैं।

वही निगहबां[2] है आसमां के वही उड़ानों की हद बतायें
जो ताइरों को क़फ़स में लाये जो पंख उनके कतर गये हैं।

ये मोम के बुत चांदनी में कहें कि तुझपे जां लुटा दें
वही तेज़ धूप में साथ देने का वक़्त आया-मुकर गये हैं।

इन आंखों के दश्तो-सहरा[3], दरिया, पहाड़ पे हैं नक़्श उनके
ये ज़िन्दगी के ख़्वाब ग़म के क़ाफ़िले थे, गुज़र गये हैं।

चले तो तेरा तवाफ़[5] करने मौसमों के क़दम उठे हैं
जो रूक गया तो साथ तेरे बहते दरिया ठहर गये हैं।

बुझी-बुझी सी है कू-ए-जानां जो शब नहायी थी रोशनी में
चराग़ दिल के बुझा के सारे वो चाक-दामां किधर गये हैं।

तमाम ज़ीस्त[6] की लज़्ज़तें भी रश्क़[7] करती हैं उन पलों से
वो जो तिरे फ़िराक़[8] में, तेरे बाज़ुओं में गुज़र गये है।

---

1. संकल्प एवं निष्ठा, 2. रखवाले, 3. जंगल और रेगिस्तान, 4. चिन्ह 5. परिक्रमा, 6. जीवन, 7. ईर्ष्या, 8. वियोग।

7

खोजता था मैं अपने लफ़्ज़ों की ख़ुशबू हवाओं में
वो समझा आज फिर मैनें उसे मांगा दुआओं में।

हमें कशकोल[1] सोने का मिले दरवेश कहते हैं
दमकते गुहर टांको मेरी रेशम की क़बाओं में।

जो खुद को चांदनी का, धूप का वारिस बताते थे
वही ले आए हैं अब रोशनी को क़त्लगाहों में।

ज़मीं पर जो तबाही है उसे आकर यहां देखो
ज़मीं दिखती नही है ठीक से उड़कर हवाओं में।

सफ़र –ए– शाइरी में दूर तक जाएंगें हम यारो
अभी कितने ही दरिया, दश्तो–सहरा[2] हैं निगाहों में।

---

1. भिक्षापात्र, 2. जंगल और रेगिस्तान।

8

ख़्वाबे–परीशां[1] के लश्कर से जब ये दिले-नाकाम मिले
तुम उस वक़्त हमें मिलना जब रात से सूनी शाम मिले।

ताइरे–ख़्वाब[2] भी नीमजान[3] था, सब परवाज़ें ज़ख़्मी थीं
नींद की छत पे तनी गुलेंलें, कुछ रेशम के दाम[4] मिले।

रिन्दों की मय में दिलचस्पी दिन दिन घटती जाती है
सब सोने का प्याला मांगें चाहे जैसा जाम मिले।

दूर बहुत ही दूर सफ़र में थे उस वक़्त सुकूने जां[5]
ख़्वाबे-शहर में जिस पल तेरी आमद के पैग़ाम मिले।

हम तो तेरा दर्द ही गाने बज़्मे-सुख़न[6] में आए हैं
फ़न के पैकर [7]जहां भी हो तू तुझको मिरा सलाम मिले।

नींद न आए करवट बदलें, दीवाने जो कहते थे
चांद अगर पहलू में आ जाए तो कुछ आराम मिले।

---

1. बिखरे हुए स्वप्न, 2. स्वप्न का पक्षी, 3. अर्द्धमूर्च्छित, 4. जाल, 5. प्राणों की शांति, 6. काव्य सभा, 7. कला का आकार या स्वरूप।

9

सैराब[1] शहर था तो गांब सूख रहा था
मौसम का ज़िंदगी से रिश्ता टूट रहा था।

हम नर्म मिट्टी जैसे थे कूजागरों[2] के हाथ
ठहरा था वक़्त और चाक घूम रहा था।

सैलाब के कहर से बच गया था शख़्स जो
वो सबसे बादलों का पता पूछ रहा था।

सब छोटी छोटी कश्तियों को खोज रहे थे
मौसम ख़राब था, जहाज डूब रहा था।

बज़्मे – सुख़न[3] मे संग लिए हाथ सुख़नवर[4]
लफ़्ज़ों का एक शीशमहल टूट रहा था।

देखो, सुकूने-जां[5] में बदलने लगा है अब
जो ग़म तुम्हारे नाम से मन्सूब[6] रहा था।

सीटी बजा रही थी रेल, छूट रही थी
वो खिड़कियों से मेरे हाथ चूम रहा था।

---

1. डूबा हुआ (तृप्त), 2. कुम्हार, 3. कविता की सभा, 4. कवि, 5. प्राणों की सन्तुष्टि, 6. सम्बन्धित।

10

न एक कतरा नसीब लब को के:बंदिशों में है ज़िक्रे-जानां[1]
न जिस्म को राहतें मयस्सर, न रूह को है सुकूं का सामां।[2]

क्यों सच की हुरमत[3] नहीं रही है, क्यों इश्क़ का है नसीब ज़िन्दां
न दुनिया सुनना चाहती है न इतने तेरे सवाल आसां।

जो जलते सूरज में तप रही उस रहगुज़र पे निभा के देखें
शजर के साये में हमने तुमने किए हैं यूं तो वफ़ा के पैमां।[4]

वो प्यास कैसी है जिसके पीछे भटक रहा है निढ़ाल होकर
मैं देखता हूं सराब तेरी ही आंख में है ग़ज़ाल चश्मां।[5]

चमन को देखो अभी भी बिखरे हैं नक़्श गुज़रे मौसमों के
तिरी भी रंगत बदल गये हैं, ए जान मेरी विसालो-हिजरां।[6]

जो शाम– ए –मयकशी की लज़्ज़त से आशना[7] ही नहीं हुए हैं
वही बताने जा रहे हैं सभी को लुत्फ़े – शबे – निगारां।[8]

हुजूम रेशम के पैरहन में सज के कब का पहुँच चुका है
चलो भी दारो-रसन[9] के: साअत निकल न जाए ऐ चाक दामां।[10]

---

1. महबूब की बात, 2. सन्तुष्टि का माध्यम, 3. सम्मान, 4. साथ निभाने की प्रतिज्ञा, 5. हिरन जैसी आँखों वाला, 6. मिलन और वियोग, 7. परिचित, 8. प्रेमिका की बातो का आनन्द, 9. फांसी का तख्ता, 10. फटे हुए गिरेबान बाले।

11

वो खुद ही अपना दोस्त है खुद ही रक़ीब[1] है
शाइर के लिए तेरी मोहब्बत अज़ीब है।

मै खुरदुरी ज़मीन हूँ वो पूरे चांद सा
सब झूठ कह रहे हैं वो मेरे क़रीब है।

दरिया ने उफ नहीं की सब मिठास सौंप दी
हो कितना बड़ा क्यों न समन्दर ग़रीब है।

मिल जाए गर तो रब की लाख लाख रहमतें
तू मुझसे बिछड़ जाए तो मेरा नसीब है।

आजाद है सच बोलने वाला जिधर भी जाए
इस ओर ज़हर है तो उधर भी सलीब है।

दुख गाये जो अवाम का, महफ़िल से बर‌तरफ़
जो शाह के क़सीदे पढ़े – वो अदीब है।

1. दुश्मन।

12

दहलीज़ पे खड़ा है मगर दूरियों के साथ
आया भी मेरा दोस्त तो, मजबूरियों के साथ।

उसने रिहाई दे दी है परवाज़[1] छीनकर
आग़ाज़े –सुबह[2] हो गई तारीकियों[3] के साथ।

नाकर्दः गुनाहों[4] को भी तसलीम कर लिया
अब जाने क्या सुलूक हो ज़िन्दानियों[5] के साथ।

हासिल–ए–ज़ीस्त[6] आ कि मिरे दिन महक उठें
इक उम्र तो गुज़ार दी महरुमियों[7] के साथ।

दिल सा शनावर[8] चाहता दरिया हो ज़ोम पर
तुम मुझसे मिलना रुह की बेचैनियों के साथ।

मुझ सा ही कोई और है, जिसकी हैं शोहरतें
मैं अपने दिल में क़ैद हूं गुमनामियों के साथ।

शब भर हैं शाखे-नींद[9] पे, उड़ जाएंगे सुबह
ख़्वाबे परिन्द[10] अपनी अपनी बोलियों के साथ।

---

1. उड़ान, 2. भोर का आरम्भ, 3. अंधकार, 4.न किये गये अपराध, 5. कैदियों, 6. जीवन की उपलब्धि, 7. अभाव, 8. तैराक, 9.नींद की शाखा, 10. स्वप्न के पंछी।

13

भीड़ है दश्ते–संग[1] में बशर[2] ही नहीं
ये मिरी आरज़ू का शहर ही नहीं।

सच की गैरत को भी क़त्ल करते हैं वो
अब सज़ा को मुक़र्ररः ज़हर ही नहीं।

तख़्त हिलने लगे ताज बेनूर हैं
फिर भी ज़िंदानियों[3] को ख़बर ही नहीं।

सुन-ऐ-मग़रुर, इस सच से वाक़िफ़ हैं हम
कू –ए –जानां[4] में इक तेरा दर ही नहीं।

कुछ नशेमन[5] गिरे छांव सब गिर गई।
आंधियों में गिरा इक शजर ही नहीं।

लफ़्ज़ में हैं दरख़्शां[6] तिरे अश्क भी
तेरे शाइर का ख़ूने – जिगर ही नहीं।

---

1. पत्थरों का जंगल, 2. इंसान, 3. कैदियों, 4.महबूब की गली, 5. नीड़, 6. चमकते हुए।

14

रुसवाइयों के बीच भी उसका वक़ार[1] देख ले
सहरा[2] के नीचे बहता हुआ आबशार देख ले।

ज़ंजीरे-पा[3] के साज़ पे नग़्मा-ए-ज़ीस्त[4] भी सुने
मुंसिफ़ से कोई जा के कहे-जश्ने-दार[5] देख ले।

सुनकर के असीराने-ख़िज़ां[6] और भी उदास थे
जब हुक्म हो गया कि क़फ़स[7] से बहार देख ले।

सबकी नज़र टिकी थी अपनी रेशमी क़बाओं पे
किस पे था इतना वक़्त चाक दामने-यार[8] देख ले।

मुमकिन नहीं कि उससे हम राज कोई छिपा भी लें
उठे निगाह उसकी दिल के आर पार देख ले।

बिछड़े तो आंख भर गई धुंधली सी हो गई नज़र
ज़िद कर रहा था दिल केः उसे बार-बार देख ले।

---

1. गरिमा, 2. रेगिस्तान, 3. पांवों की जंजीर, 4. जीवन का गीत, 5. वधस्थल का उत्सव, 6. पतझड़ के कैदी (साथी), 7. पिंजरा, 8. महबूब का आंचल।

15

सुनो शेख़! जिस राहगुज़र-ए-इश्क़ पे दर-ए-जानां[1] है
जानते हैं हम उसे कि वो रस्ता जाना पहचाना है।

रात है छोटी क़िस्सागो किस किस का दर्द सुनाएगा
ग़ौर से देखो हर सुनने वाला ख़ुद में अफ़साना है।

एक परिन्दे से कहती परवाज़ न ऐसे छोड़ के जा
जाल बिछा है इक रेशम का जाल के नीचे दाना है।

अपना जाम तलाशो अपनी मय से लब सैराब[2] करो
जब तक उसकी नज़रे -इनायत[3], जब तक ये मयख़ाना है।

फ़न के हुस्न[4] का जादू तेरे सर पे चढ़कर बोल रहा
तेरी कशिश में डूबा तेरा शाइर भी दीवाना है।

गूंगे होकर रह जाओगे, गर यूं ही सच बोलोगे
सच के लब पे कुफ़्ल[5] जड़े बातिल[6] के साथ ज़माना है।

---

1. महबूब की देहरी, 2. तृप्त, 3. दृष्टि की अनुकम्पा,4. कला का सौन्दर्य, 5. ताले, 6. व्यर्थ बोलने बाला (पाखण्डी)।

16

वही एक था सुनने बाला वही अज़ीम सुख़नवर[1] था
देख रहा था दूर से मैं ये कोई मेरे अन्दर था।

प्यासी लहरों से टकराकर सब चट्टानें रेत हुई
दरिया के दीवानेपन से सहमा हुआ समंदर था।

आमदे-यार[2] की सुनकर हम तो ध्यान में डूबे, क्या जानें
तेरे हाथ में शाख़े – गुल थी या विष डूबा ख़ंजर था।

सबसे आगे अना[3] थी, उसके पीछे पीछे ख़ौफ़ रवां
शाहे – वक़्त था उसके पीछे, सबसे पीछे लश्कर था।

रात की तारीकी[4] में जिस रहज़न ने क़ाफ़िला लूट लिया
दिन के उजाले में देखा तो वो ही उसका रहबर[5] था।

---

1. श्रेष्ठ वक्ता या कवि, 2. महबूब का आगमन, 3.दर्प या अहंकार, 4. अंधकार, 5. नेतृत्व करने वाला।

17

सुकून ऐसा हमें मिला है कि जिस्मो-जां[1] में थकान भी है
वो ज़ीस्त[2] का फ़लसफ़ा कि जिसमें सुख़नबरी[3] का गुमान भी है।

इन्ही के साये में देखता हूं चमक रही हैं हिरन की आंखें
इन्ही दरख़्तों की शाख़ पे इक शिकारियों का मचान भी है।

कहो ये बस्ती में जाग रखना मता-ए-जां[4] को संभाल रखना
नदी की लहरें है ज़ोम पे और सतह के नीचे कटान भी है।

यही वो कोना है आसमां का जहां परिंदों के पंख टूटे
मगर यहीं से ज़िंदगी के हौसले की उड़ान भी है।

वो साथ था तो उसे गुमां था कि मुझको पूरा परख चुका है
उसे पता ही नहीं था मेरी जबीं[5] पे चोट का निशान भी है।

तिरी दरख़्शां शोहरतों का एक पहलू सियाह भी है
बलंद जितनी चढ़ाइयां हैं उतनी तीखी ढ़लान भी है।

पढ़ो कि "शाकुन्तलम[6]" लिखा है ग़ज़ल की गोरी कलाइयों पे
सुनो कि वक़्ते सुब्ह से उठती ताइरों की अजान भी है।

---

1. शरीर एवं प्राण, 2. जीवन, 3.काव्य लेखन, 4. प्राणों की पूंजी, 5. माथा, 6. कालिदास का नाटक "अभिज्ञान शाकुन्तलम"।

18

लाखों में इक महसूस करे जो दर्द छिपा है फ़साने में
सुनते-सुनते नस्लें बदलें सदियां लग जाएं सुनाने में।

तिरी गलियों में वो कहां रौनक़ तिरे चेहरे में वो नूर कहां
क्या क़ैद रख थे सब मौसम तूने अपने दीवाने में।

वाइज़ कहां आता जाता है कोई न सवाल करे उससे
हंगामा खड़ा कर देते हैं जो रिन्द गये मयख़ाने में।

बिछड़े तो सोचते रहते हैं वो वस्ल की रात भी क्या गुज़री
इक चांद बुझा रफ़्तः-रफ़्तः तिरे रूठने मेरे मनाने में।

किसी दूर देश का परिन्दा वो इसी खेत में आखिर क्यों उतरा
कोई नाम लिखा तो होता है फ़सलों के दाने-दाने में।

तिरी चाहत की रहगुज़र भी क्या सब क़ाफ़िले पीछे छूट गये।
मिरी नींद के धागे टूट गये तिरा रौशन ख़्वाब सजाने में।

कोई याद किसी को नहीं करता जिस तरह किया है तुझे हमने
तू अपने दिल की गवाही ले, ज़रा ढूंढ के देख ज़माने में।

19

उदास फूलों से कोई पूछे कि ख़ुशबू-ए-पैरहन[1] कहां है
वही तो सच की गवाही देगा निगाहबाने-चमन[2] कहां है।

जिसे भी देखो गुरेज़ पा[3] है ग़ज़ालां-ए-ख़्वाहिशों[4] के पीछे
थकान से जिस्मो-जां[5] को भर दे सफ़र में दिल का अमन कहां है।

तमाम शब की रंगीनियों पे लगी है कालिख सुब्हो-दम तक
सुकूने-महफ़िल[6] कहां है, जिसमें ज़ीस्त[7] बोले वो फ़न[8] कहां है।

तलाश जारी है शाइरी की उसी के संग हम भी दरबदर हैं
सुकूने - जां[9] से पूछ भी देखें-अज़ीम जाने-सुख़न कहां है।

शदीद धूप के इस सफ़र ने नमी चुरा ली है चेहरों की
बस एक रंगत है सांवली सी, ग़ज़ल में गुंचा दहन[10] कहां है।

वो ज़िन्दां[11] जिसमें कोई दरीचा[12] नहीं, पता भी कैसे करते
कहां रखा है ज़हर का प्याला, सलीब, दारो-रसन[13] कहां है।

---

1. खुशबू का लिबास, 2. बाग का रखवाला, 3.तीव्रगति से चलने बाला, 4. कामनाओं का हिरन, 5. शरीर एवं प्राण, 6.महफिल की शांति, 7. जीवन, 8. कला, 9. प्राणों की शांति, 10. फूल जैसे चेहरे वाला, 11. कारागृह, 12. खिड़की, 13. फांसी का तख़्ता।

20

पाकीज़गी दिल में न है नज़रों में ताब[1] भी
क्या होगा अगर रूख़ से हटा दे नक़ाब भी।

कशकोल तो पहले ही फ़क़ीरों से ले लिया
अब शाह उनसे छीन रहा है रबाब भी।

सुन तो रहे हैं कलकते – मीना[2] ऐ बादाकश
थामे रहो पियाले वो देगा शराब* भी।

जब से पड़ी निगाह बदन की तराश[3] पर
करती है तुझसे रश्क़[4] ये शाख़े –गुलाब भी।

वो शे'र शे'र ढल रहा है मेरी सोच में
यूं ही रहा तो होगा ग़ज़ल की किताब भी।

सहरा में चलते मुट्ठियों में रेत रह गई
आंसू के साथ गिर गया क्या तेरा ख़्वाब भी।

महरूमियों से घबरा के लौटा गया है वो
मनसब ए-दिलबरी[5] का मोतबर खिताब भी।

---

1. रोशनी, 2. सुराही से शराब गिरने की आवाज, * एक तरह का वाद्ययंत्र, 3. गठन, 4. ईर्ष्या, 5. प्रेम का पद।

21

अहबाब[1] है न जान मिरी तू ही पास है
ऐसी घिरी है शाम दिलो – जां उदास है।

इक गुहर[2] खो गया था उसे ढूंढ रहा हूँ
उस गुहर को भी मेरी नज़र की तलाश है।

हम थे ख़राब हाल[3] तिरे दर पे आ गये
हमने सुना था तेरी आंख ग़मसनाश[4] है।

नाक़िद[5] तो मिरे नाम से मन्सूब[6] करेगा
मैं जानता हूं हुस्ने-फ़न[7] किसकी तराश है।

ऐ मीठे आबशार[8]! अपनी रहगुज़र पे जा
तू क्या करेगा, मेरा मुक़द्दर ही प्यास है।

दिल मान गया है कि दूर जा चुका है तू
आंखों को तिरे लौटने की अब भी आस है।

---

1. हाल चाल पूछने वाला (मित्र), 2. मोती, 3. दयनीय (उपेक्षित), 4. दुख को पहचानने वाली, 5. समीक्षक, 6. सम्बन्धित, 7. कला का सौन्दर्य, 8. झरना।

22

मैं एक पल को रूका उसी में सिमटे रोज़ो-मह-साल[1] देखे
गुलों में तेरा असर भी देखा केः तेरे हिज्रो-विसाल देखे।

नसीब में तू नहीं था मेरे नहीं ही आया जतन किए सब
पलक के सारे आंसुओं के सिक्के हमने उछाल देखे।

ग़िज़ाल चश्मां[2] में जो अयां थी किताब में वो ज़बां कहां थी
सो बाग़ –ए– शाइरी में उसकी सुख़नवरी[3] के कमाल देखे।

वो सहरा कैसा भी हो– कहीं भी सराब[4] उससे जुड़ा हुआ था
भटकते अपनी ही प्यास लेकर ग़ज़ाल सारे निढाल देखे।

जो जुल्म सह के चुप थे उनकी ज़बीं[5] पे दुख की कथा लिखी थी
कभी सुने ही नहीं गये जो ज़िंदगी के सवाल देखे।

जो कह रहा था कहां ग़ज़ल के ये हाथ नाज़ुक, कहां ये परचम
तनी हुई मुट्ठियों को देखे वो हाथ उसके मशाल देखे।

1. दिन महीने और साल, 2.हिरन जैसी आखें वाला (महबूब), 3. काव्य रचना या कौशल, 4. दृष्टि भ्रम (मृगतृष्णा), 5. माथा।

23

इतनी अक़ीदतों[1] से किसे ताक रहा है
वो है दुआ क़ुबूल जिसे मांग रहा है।

हासिल–ए–सफ़र[2] तन की गर्द सच तो है मगर
यारो, सफ़र का ख़्वाब भी अलमास[3] रहा है।

कुछ ख़्वाब बह गये है तेरे आंसुओं के साथ
दरिया–ए– दिल में किस क़दर सैलाब रहा है।

इतनी तमाम ज़ीस्त[4] की महरूमियों[5] के बीच
दामन भी उसका दिल की तरह पाक रहा है।

मस्तूल हवा जाल को मछली निगल गई
अब आ के लबे दरिया कश्ती बांध रहा है।

सय्याद की नज़रे – कमंद[6] साथ रवां है
ताइर फ़लक में उड़ता हुआ हांफ रहा है।

उस नीम – वा नज़र[7] से पता ही नहीं चले
वो महबे – ख़्वाब[8] है कि अभी जाग रहा है।

---

1. आस्था, 2. यात्रा की उपलब्धि, 3. हीरा, 4. जीवन, 5. अभाव, 6. दृष्टि का जाल (फंदा), 7. अधखुली आँखें, 8. सपनों में खोया हुआ।

24

परवान चढ़ रही है परिन्दों की नग़मगी[1]
अब धीरे धीरे आंख खोलती है शायरी।

रफ़्तार में है चाक तो कच्चा घड़ा भी है
दोनों के साथ साथ घूमती है तश्नगी।

इक फ़ाख़्ता का जैसे निगहबान बाज हो
कुछ ऐसे ग़ज़ल की ग़ज़ालां है डरी डरी।

घर से निकलते वक़्त उसने सिर्फ़ ये कहा
रब जाने किसके नाम हो मनसब-ए-दिलबरी।

---

1. गीत गायन।

25

याद रहते हैं किसे साअते-वस्ल के पैमां[1]
ज़ोम पे आती है जब बेरहम सी फ़स्ले–ख़िज़ां।[2]

आंख से ख़्वाब तेरा दिल से इक ख़याल गया
हमने भी देख लिया हो के बे–सरो–सामां।[3]

ख़ुशबुएं नूर में नहायी हुई आती हैं
यूं लगे आ गया है पास तेरा घर जानां।

हम भी आए थे तेरी चाहतों के गुलशन में
लौटे जाते हैं खार ख़ार पे रखके अरमां।

अब क्या मांगे कि इल्तज़ा खुदा से कर ली
अब क्या फैलाएं किसी शाह के आगे दामां।

---

1. मिलन के क्षण की प्रतिज्ञा, 2. पतझड़ का मौसम, 3. बिना किसी सामान या संम्पत्ति के।

26

वो देख धूप के सर की रिदा[1] बदलती है
यहीं से रुत के क़दम की सदा बदलती है।

फ़न के पैकर[2] में उसकी सिर्फ़ झलक होती है
अक़्स के साथ वो अपनी अदा बदलती है।

अमीरे-शहर[3] के मेहमान क्या फ़क़ीर हुए
इशारा कर दे तो लब की दुआ बदलती है।

गरेबां चाक के पैबंद छिपाने के लिए
ज़िंदगी रोज़ ही अपनी क़बा बदलती है।

शाख़े –उम्मीद को ज़िंदानियो हरा रखना
सब्र जो करते है उनकी सज़ा बदलती है।

उसे पता ही नहीं है कि व उसके होने से
समूचे शहर की आबो – हवा बदलती है।

---

1. चादर, 2. आकार 3. नगर प्रमुख।

27

वर्क़–ए–दिल[1] को चूम के उसने नाव की शक्ल में मोड़ दिया
नाम लिखे दो फिर बारिश के रहमो-करम पे छोड़ दिया।

रिन्द बहुत मुश्किल में हैं अब प्यास कहां लेकर जाएं
शेख़ की बातों में आकर के साग़रो मीना[2] तोड़ दिया।

इक दिन उस सय्याल[3] नज़र में नफ़रत की इक लहर दिखी
उससे कोई सवाल न पूछा नज़र मिलाना छोड़ दिया।

सहमी सी हैं शाख़ें अब तक पत्ता पत्ता कांप रहा
तेज़ हवा ने एक पेड़ को कुछ ऐसे झकझोर दिया।

इक दुख तेरा, इक दुख मेरा एक ग़मे दौरां[4] भी है
लफ़्ज़ के धागे से हमने सबको आपस में जोड़ दिया।

---

1. दिल का काग़ज़, 2. सुराही और प्याला, 3. तरल, 4. संसार का दुख।

28

हिजरत[1] करने के पीछे इन महलों की तामीर भी है
दरके हुए सुतून[2] तो हैं ही इक टूटी शहतीर भी है।

कहत[3] नींद का कैसा भी हो नूर पलक पे ज़िन्दा रख
आंख में ख़्वाब आज हैं तो कल ख़्वाबों की ताबीर भी है।

तेरे पा –ब– दस्त[4] की जिसने सब ज़ंजीरें काटी हैं
तुझे ख़बर ही नहीं कि तेरी ज़ुल्फ़ का वही असीर[5] भी है।

जिस्म से हटकर रुह की जानिब[6] देख पता चल जाएगा
काले लफ़्ज़ों के पीछे तेरी उजली तस्वीर भी है।

तू कहता है सब दीबारें तोड़ के हम मिल जायेंगे
तेरी ख़्वाहिश नेक है लेकिन कुछ मेरी तक़दीर भी है।

क़ातिल दारो – रसन[7] से उसकी सुस्तरवीं[8] पर तंज़ करे
घर का मंज़र आंख में, उसके पांवों में ज़ंजीर भी है।

---

1. प्रवास पर जाना, 2. खंभे, 3. अकाल, 4. पाँव और हाथ, 5. क़ैदी, 6. ओर दिशा, 7. फाँसी का तख्ता, 8. धीमी चाल।

29

ग़म के मारे हिज्र[1] की मुश्किल ऐसे आसां करते थे
जब तक नींद नहीं आती थी जानां जानां करते थे।

कू-ए-जां[2] की हमदर्दी पाने को क्या क्या जतन हुए
दीवाने अपने ही हाथों चाक गरेबां करते थे।

देर लगे कितनी भी लेकिन कभी मयकदा समझेगा
रिन्द जो प्यासे आते थे वो उस पर अहसां करते थे।

वो भी दिन थे सब नफ़रत से मोड़ के मुंह चल देते थे
हम जिसके भी आगे अपना खाली दामां करते थे।

तेज़ हवाओं में भी हमने आंख की नमी बचा ही ली
दिल को तोड़ने वाले मेरे ख़्वाब हिरासां करते थे।

---

1. वियोग, 2. प्रेमिका की गली।

30

नश्तर को शाख़े-गुल समझ के दिल के पार कीजिए
हर दिन फ़रेब खा के उसका ऐतबार कीजिए।

सब एक ही कूचे के हैं रक़ीब[1] भी नदीम[2] भी
क़िस्सा-ए-ज़ीस्त[3] में भला किसको शुमार कीजिए।

सोचो तो बेमिसाल है दुश्मने-जां की हर अदा
हमसे उम्मीद ये कि उस पे जां निसार कीजिए।

तन्हा मिले तो ठीक है शिकवे गिले की बात भी
ये क्या कि सरे -बज़्म उसको शर्मसार कीजिए।

कुचली हुई सी शाख़े-गुल के: रंगो-बू लुटे हुए
हाले - चमन को देख दिल को सोगवार[4] कीजिए।

बिछ जाएं खार ठीक से फूलों से लिपट रो तो लें
रक़्स-ए-निकहत[5] भी होगा जरा इन्तेज़ार कीजिए।

---

1. शत्रु, 2. मित्र, 3. जीवन की कथा, 4. शोकमग्न, 5. खुशबू का नृत्य।

31

साज़-ए-तरब[1] उठाओ अभी रात बहुत है
ख़ामोशियों में डूबी हुई बात बहुत है।

मांगें भी क्या जो तेरी रज़ा हो नवाज़ दे
देने को तेरे पास तो सौग़ात बहुत है।

लुट भी गये तो हार के बैठो न मुसाफ़िर
आओ चलें कि इक सफ़र का ख़्वाब बहुत है।

मां देख, मैंने ठुकरा दी है दौलते-जहान[2]
सर पे रखा जो मेरे, तेरा हाथ बहुत है।

तुझमें ही शजर-अब्र हैं, तुझमें ही हौसला
इन धूप की राहों में तेरा ख़्वाब बहुत है।

लज़्ज़त-ए-ज़ीस्त[3]! लौट भी आ, देर हो गई
दिल है केः धड़कनों को तिरी आस बहुत है।

---

1. मस्ती का साज, 2. सांसरिक समृद्धि, 3. जीवन का आनंद।

32

जो रहज़न[1] हम क़दम था उसको देखा फिर पहचान गये
मीरे-सफ़र[2] के दिल में क्या है सारे मुसाफ़िर जान गये।

मां की भीगी पलकें देखीं, बच्चे पल में बड़े हुए
मेले में मचले तो लेकिन बिन समझाये मान गये।

ताक पे रखे चराग़ों संग कुछ उसके ख़्वाब भी रक्खे थे
घर में नया उजाला देखा जब लौटे हम शाम गये।

नाउम्मीदी के आलम में बज़्म भी वीरां वीरां थी
दिल में आस लिये आये थे लेकिन तश्नाकाम[3] गये।

नमी उड़ गई खेतों की तो फ़सलों के लब सूख गये
दहक़ानों[4] के दिल टूटे जब बारिश के इमकान[5] गये।

सच से हारे ख़्वाब कि फिर पूंजी से मेहनत हार गई
चली गईं रोटी पर बहसें सारे लाल सलाम गये।

---

1. लुटेरा, 2. याला नायक, 3. अतृप्त, 4. कृषक, 5.सम्भावना।

33

पतवार ले, कश्ती को खोल बादबान रख
आवाज़ दे रहा है समन्दर तो मान रख।

पत्थर के जंगलों से दूर एक घर बना
फिर घर की छत पे साफ नीला आसमान रख।

फूलों के लब पे सज गया शबनम की बूँद बन
सहरा में तपते संग[1] पे भी तो ज़बान रख।

दरिया है, संग तोड़ उतर कोहसार से
ताइर है गर तो अपने परों में उड़ान रख।

ये ज़ख़्म भर गये तो उसे भूल जाएगा
कुछ तो सहेज करके इश्क़ के निशान रख।

क़ाग़ज की आबरु को लफ़्ज़ का लिबास दे
फिर शाइरी की धड़कनों मे अपनी जान रख।

सब जां से गये अपनी, तुझे देखने, वाले
बेकार लिए फिरता है तीरो - कमान[2] रख।

1. पत्थर, 2. तीर और कमान।

34

इसमें कोई शाह नही है और न उसकी रानी है
सूख गये हैं जिनके आँसू उनकी एक कहानी है।

धूप के माथे कालिख चमके, तीरगी के सर ताज सजा
शहूरे - रोशनी में आखिर ये किसकी कारस्तानी है।

चार क़दम ना चले समंदर दरिया ने सहरा नापे
प्यासी लहरों की आँखों में एक अज़ब हैरानी है।

वो भी था कुछ जूदरंज़[1] हर बात को दिल पर लेता था
तर्क़े - मरासिम[2] के पीछे कुछ मेरी भी नादानी है।

नँगी नदी रेत की चादर ओढ़े कब से लेटी है
फ़लक में इक बादल का टुकड़ा शर्म से पानी-पानी है।

तिरे सुकूते - लब[3] पे ठहरे चाँद को हमने देख लिया
छोड़ो भी अब, बात सितारों की करना बेमानी है।

गौतम ने गृहत्याग किया प्रज्ञा जागी तो बुद्ध हुए
मौन से निकली वाणी - आओ देखो दुनिया फ़ानी है।

---

1. शीघ्र क्रोधित होने बाला, 2. सबन्ध विच्छेद, 3. होठों का मौन।

35

दिन भर की थकान और बढ़ गई है शाम तक
जलते लबों से कितनी दूरियां हैं जाम तक।

हल्क़ः-ए-शाइरी[1] में तेरे कितने अक्स थे
रोशन चराग़-ए-दिल से ले माहे तमाम[2] तक।

दहशत से कहाँ बुझती है आतिश-ए-बग़ावत
इस सच को कौन ले के जाएगा निजाम तक।

तहरीरे - जुर्म[3] में कहीं भी दर्ज नहीं है
मासूम लोग कैसे गये इंतक़ाम तक।

पूछो तो शाहराह पे जो इन्क़लाब है
आएगा कब तो तंग गली में अवाम तक।

---

1. कविता का क्षेत्र, 2. पूरा चाँद, 3. अपराध का विवरण।

36

वो दिन थे जब तुम्हारे ग़म कलेजे से लगाते थे
वही बनकर ग़मे दौरां[1] हमें शाइर बनाते थे।

जुनूं था अहदे हाजिर[2] का असल चेहरा दिखायेंगे
बहुत से आईने इन कोशिशों में टूट जाते थे।

कोई तो बात थी मुंसिफ़ सभी कुछ देखकर चुप था
जो ग़म के मारे रोते थे तो क़ातिल मुस्कराते थे।

हकीकत राहज़न बनकर हमें फिर लूट लेती थी
हम अपने ख़्वाब की तामीर में जो कुछ कमाते थे।

जहाँ उग आया है पत्थर का जँगल आजकल यारो
वहीं कुछ साल पहले खेत मेरे लहलहाते थे।

हवा और जलती लौ के बीच में बस इक हथेली थी
दिये उसको ही शह पर तीरगी[3] में सर उठाते थे।

1. संसार का दुख 2. वर्तमान समय 3. अन्धकार।

37

असर दिखाये फ़स्ले गुल की कुछ दिलकश अँगड़ाई भी
कुछ फूलों की चमक के पीछे है तेरी रानाई[1] भी।

सरहद रहे दरुने-खे़मा[2] घर में इश्क़ की मूरत सी
ग़ज़ल के होंठ को दोनों चूमें बिगुल और शहनाई भी।

सफ़र में मेरे साथ न चल तू तुझे बहुत मुश्किल होगी
शोहरत मेरे आगे आगे पीछे है रु4सवाई भी।

वाक़िफ़ कहाँ निजाम अभी बारूद के ढ़ेर पे बैठा है
भेस छिपाये घूम रही है पास में दियासलाई भी।

ख़ड़े रहो ऐ ग़म के मारो, ज़ख़्म न सूखें माथे के
मुसिफ़े - वक़्त[3] कोई आयेगा, होगी कभी सुनवाई भी।

बाँटे भूख महाजन तेरे खेत फ़सल गिरवी रख ले
गुहर जड़े कँगन छीने, फिर पकड़े तिरी कलाई भी।

1. सौन्दर्य, 2. शिविर में, 3. समय का न्यायाधीश।

38

सुनने वाले लोग सुख़नदां[1] सारी बात समझते हैं
अगर कहानी पहलू बदले तो किरदार बदलते हैं।

ग़ज़ल के घर में सब कुछ है पर एक नहीं है आईना
हम उन नीली आँखों में ही सजते और सँवरते हैं।

दहक रही है जिस्मो - जां[2] में आतिश[3] जानां यूं कर लें
चट्टानों पर बिछी बर्फ़ पर थोड़ी देर फिसलते हैं।

जिस दिन फूल मसलते देखा हमने उसको, जान गये
शीशे की दीवारों वाले क्यो पत्थर से डरते हैं।

जैसे रूह का अक्स तराशें लेकिन जिस्म दिखायी दे
भूखे बच्चे रोटी माँगें चाँद को देख मचलते हैं।

तब तक कलम को रख दे जब तक दिल कोरा काग़ज़ न बने
जब तक आतिशे - जां[4] से तेरे लब के कुफ़्ल[5] पिघलते हैं।

सदियाँ बीती कूजागर[6] की बेटी यह समझाती है
चढ़ते दरिया में दीवाने डूब के पार उतरते हैं।

---

1. काव्य मर्मज्ञ, 2. शरीर एवं प्राण, 3. आग, 4.प्राणों की आग, 5. होठो के ताले, 6. कुम्हार, जो मिट्टी के पात्र बनाते है।

39

दुआ देते थे पहले और अब इल्ज़ाम तक आए
चलो अच्छा हुआ तुम इश्क़ के अन्ज़ाम तक आए

उसी पर जान देते हैं उसी से इश्क़ करते हैं
दिल की छोड़ो न जिसके लब पे मेरा नाम तक आए।

बहुत क़िस्से सुने थे कड़वेपन के, याद है अब भी
वो पहले पहल मेरे होंट कैसे जाम तक आए।

बन्दिशें कब लगाते हैं परिन्द तेरी उड़ानों पे
शजर की इतनी ख़्वाहिश है कि वापस शाम तक आए।

चराग़ों को बुझाने में महारत जिसको हासिल है
चाहता है फ़लक से चांद उतरे, बाम[1] तक आए।

1. छत।

40

भरते नहीं हैं आह यूं जनाब की तरह
हम पी गये हैं दर्दे-दिल शराब की तरह

शायद ही रास आये तिरे लॉन की फ़िज़ा
हुस्ने-ग़ज़ल है जंगली गुलाब की तरह

मिट्टी का दिया इस तरह रोशन कि लग रहा
इक सोच के फ़लक[1] में माहताब[2] की तरह

नाक़िद[3] का बयां मोतबर[4] नहीं नसीब है
चालाक सूदखोर के हिसाब की तरह

शायर से इससे ज़्यादा की उम्मीद भी न रख
तू दिल में मेरे है मिरी किताब की तरह

---

1. आकाश, 2. धुन्ध, 3. समीक्षक, 4. विश्वसनीय।

41

जिसको देख के जीते जिस पर जान निछावर करते हैं
उसको ही दिल का हाल सुनाने से हम कितना डरते हैं।

अब महफ़ूज कश्तियों में भी दिल का ख़ौफ़ नहीं जाए
दरिया - ए - इश्क़ से जाने वाले कैसे पार उतरते हैं।

रिन्द कहाँ वो जिसको ग़ैरत मय से ज्यादा प्यारी हो
वो साक़ी जिसकी नज़रों से खाली प्याले भरते हैं।

सोच बदल दी, रंग भी बदले मगर मुसव्वर[1] हैरां है
कैसी भी तस्वीर बनाए तेरे रंग उभरते हैं।

तुझसे ऐसे बिछड़े जैसे शाख़ से कोई गुल टूटे
देख! हवा में खुशबू बनकर मेरे ख़्वाब बिखरते हैं।

1. चित्रकार।

42

काँटे भी महकें लम्स[1] से ऐसा गुलाब था
इक शाख़ पे खिला था और बेहिजाब[2] था।

तन्हा था उस पे सिर्फ असासा[3] था अश्क का
दुनिया की नज़र में जो शख़्स कामयाब था।

लज़्ज़त-ए-सफ़र[4] के लिए चलते तो रहे हैं
अब सोच रहे हैं सफ़र था, या अज़ाब[5] था।

उतरी ही नहीं कश्ती समँदर में कल मिरी
टूटा था जाल और कुछ मौसम ख़राब था।

सारे ग़ज़ाल[6] उसके पीछे भागते रहे
सहरा में आबशार[7] कहाँ था, सराब था।

तारों की रोशनी पे नज़्म गूँजती रही
जब तक शरीके - बज़्म मिरा माहताब[8] था।

उस पार की सदा ने लौटने नहीं दिया
जो आँख खुली सामने दरिया चनाब था।

मन्सूब[9] मिरे नाम से होगी सुख़नवरी[10]
ऐ जान मिरी! ये खुदा का इन्तेखाब[11] था।

---

1. स्पर्श, 2. नग्न (वस्त्रहीन), 3. पूँजी, 4. यात्रा का आनन्द, 5. यातना, 6. हिरन, 7. झरना, 8. चाँद, 9. सम्बन्धित, 10. काव्य सृजन, 11. चयन।

43

ये हिज्र की शब मुहाल देखो उम्मीदे सुबह मैं ढल गई है
चलो मिला कुछ करार दिल को चलो तबीयत बहल गई है।

महके गुल से रहगुज़र पे अरमां बिखरे, क़दम रखो तो
सहन में साँसों के आ के देखो दिल की शम्मां भी जल गई है।

तिरे लबों का लम्स पाकर लफ़्ज़ मानी बदल रहे हैं
गुहर हुए हैं मेरे आँसू ग़मों की रंगत बदल गई है।

अगर हम चाहें भी लौटना तो अब ये मुमकिन नहीं रहा है
न दिल है अपना, बात भी अब हद से आगे निकल गई है।

'छपाक' से कुछ गिरा नदी में, चट्टान सहमी सी देखती है
वो धूप बर्फ़ पे चल रही थी, क़दम जो बहके फिसल गई हैं।

आग बन के दहक उठा जो ख़्वाब परिन्द की आँख में था
उड़ान को है पता क़फ़स की सलाख़ कैसे पिघल गई है।

44

कहां दिलचस्पी है लोगों को राजा और रानी में
नए किरदार आएं तो मजा आए कहानी में।

गांव में जिस मकां में पिता रहते हैं गिरासू है
मगर बेटे का बंगला बन गया है राजधानी में।

मुबारक हो ऐ मेरे दोस्त तुम तक़दीर वाले हो
खरीद लाए हो अपने ख़्वाब वो भी इस गरानी[1] में

बियर जब चढ़ गई तो क्रांति पे अब बहस करते हैं
बड़े होटल के फैले लॉन में इक गोल छानी में।

ये शॉवर, आइने-दिलकश हैं लेकिन क्या इन्हें देखें
नहाते देख ली है ज़िंदगी बारिश के पानी में।

1. मंहगाई

45

अपने अंदाज़ में कुछ ऐसे वो ग़म का फ़साना कहता है
सुनता है अहद[1] दिलो - जां से, फिर दोहरा के ज़माना कहता है।

मौसम का पहलू बदलना है, वो फ़स्ले, - गुल हो या कि ख़िज़ां
शाइर उसे अपने लहजे में तिरा आना जाना कहता है।

मिरे सारे दुख उसने काते, कच्चे धागे की तरह यारो
इसको ही रिदा-ए-मोहब्बत[2] का वो ताना-बाना कहता है।

किसी जाल के नीचे बिखरा हूँ दानों की शक्ल में सदियों से
सय्याद ख़्वाहिशों को ताइर, मुझे आबो दाना कहता है।

कोई आए मेरी तलाश करे, ग़म की चट्टान हटाये भी
ले जाए मुझे, क़िस्मत बदले-मिरे दिल का ख़ज़ाना कहता है।

काग़ज़ पे नाम लिखे, काटे, टुकडों को हवा में बिखरा दे
नाक़िद इसे अपने तरीके से हस्ती का मिटाना कहता है।

उस शख़्स को देख! सरे मक़तल किस क़दर था तुझसे इश्क़ उसे
जो सलीब को तेरी बाँह कहे, मौसम को सुहाना कहता है।

---

1. युग, 2. प्रेम की चादर।

46

बढ़ती ही जाए दर्द की शिद्दत भी क्या करें
जब दिल शिकस्त[1] : है तो हिफ़ाज़त भी क्या करें।

तुमने ही कह दिया है तेरा कुछ नही हूँ मैं
दुनिया की बेरूखी की शिकायत भी क्या करें।

हम जानते हैं अपने पाँव की ज़मीन को
मिट्टी के दिये चाँद की चाहत भी क्या करें।

खेमः - ए - रक़ीबां[2] का एक रास्ता बचा
अब अपने कबीले से ब़ग़ावत भी क्या करें।

जाएंगे जहाँ दुश्मने - जां पहुँच जाएगा
माँ जैसी ज़मीं छोड़कर हिजरत भी क्या करें।

1. टूटा हुआ, 2. शत्रु का शिविर।

47

खुले आसमां के साये में उड़ता हुआ परिन्दा हो
शायद तेरी आँख में अब तक ख़्वाब उड़ान का जिन्दा हो।

नाम न हो, बस तेरी मेरी रूह की खुशबू मिल जाए
अगर हो जानां तेरे मेरे बीच में ऐसा रिश्ता हो।

रूह की प्यास सदा देती है तुझमें भी और मुझमें भी
चलो वहीं पर देखें, शायद मीठा दरिया ठहरा हो।

लम्स नहीं मिलता लेकिन ये नज़र की लज़्ज़त क्या कम है
निकल अब्र[1] के परदे से, ऐ चाँद! न यूँ शर्मिन्दा हो।

उस पल साँस की कश्ती लहरों बीच उतारें हम दोनों
चाँद उरूज़[2] पे हो और दरिया धीरे-धीरे बहता हो।

---

1. बादल, 2. चरम पर (पूर्ण विकसित)।

48

गिरा जो संगे - आस्तां[1] पे उस अश्क की क़ीमत भी नहीं
सोने की मीजान[2] पे तो ये इज़्ज़ो - अक़ीदत[3] कुछ भी नहीं।

आँसू, दर्द, मोहब्बत, नग़मा, ख़्वाब से मिलकर बनती है
शायर की दुनिया में तख्तो - ताज, सियासत कुछ भी नही।

इक काग़ज़ की नाव कि जिसमें लफ़्ज़ों की पतवारें हैं
दरिया-ए-फ़न[4] का ज़ोम[5] है सब, फ़नकार[6] की शोहरत कुछ भी नहीं।

पत्थर के इस राजमहल में आहन के दरवाजे हैं
फूल से चेहरे वाले सुन तिरे हाथ की ताक़त कुछ भी नहीं।

और ही चीजें हैं जिनसे दुनिया का कारोबार चले
दुनिया की नज़रों में तेरी मेरी चाहत कुछ भी नहीं।

जिसने तिरे फ़िराक़[7] में अपनी सारी उम्र गुज़ारी हो
उसको तेरी इक शब की ये वस्ल[8] की राहत कुछ भी नहीं।

1. दहलीज का पत्थर, 2. तराजू, 3. आस्था एवं विश्वास, 4. कला रूपी नदी, 5. यौवन या उन्माद, 6. कलाकार, 7. वियोग, 8. मिलन।

49

रौशन ये चराग़ां मिट्टी के, जो नूर में डूबे सितारे हैं
दिल के दश्तो-सहरा[1] पे हैं जितने भी नक्श, तुम्हारे हैं।

देखो कि किताब हुई गुलशन, सब वरक़ वरक़ बिखरे देखो
बारिश के, धूप, हवाओं के जो मौसम हमने गुज़ारे हैं।

फूलों की क़बाओं[2] पे शब भर टांके हैं सितारे किसने भला
जो दूर से देखो शबनम से, पलकों से छुओ अंगारे हैं।

मिल जाएं कभी जो अकेले में उनको भी गले लगा लेना
वो जिनपे ऊंची हवेली है वो लोग भी ग़म के मारे हैं।

ऐ फस्ले-बहारां[3] ये ताइर कुछ देर में वापस लौटेगा
तिनकों से बने नशेमन[4] भी उसे जान से ज़्यादा प्यारे हैं।

सहरा, दरिया, ऊंचे परबत, सरसब्ज़ शजर[5] सब उसने रचे
खिलते गुंचे, खुशबू, गुलशन सोचो तो उसी के इशारे हैं।

1. जंगल और मरूस्थल, 2. परिधान, 3. वसन्त ऋतु, 4. नीड़, 5. हरे-भरे वृक्ष।

50

ताकत उसपे, शाहे - अहद[1] का मनसब भी, जो बातिल[2] है
सोचो भी लिखने से पहले किसके क़लम मुक़ाबिल है।

बुझी हुई आँखों को कोई पढ़ पाये तो पता चले
हमदर्दों की भीड़ में शामिल कौन सा चेहरा क़ातिल है।

जिसने फ़र्दे-जुर्म लिखी है उससे इक दिन पूछेंगे
इश्क गुनाह है माना लेकिन इसमें वो भी शामिल है।

आस का सूरज डूब रहा है देखो दिल के दरिया में
हर ज़िन्दानी[3] तेज़ क़दम है चार कदम पे मक़तल है।

लौट रहे रिन्दों से पूछा तो मायूसी से बोले
क़तरा भी न सुराही में था साक़ी तो दरियादिल है।

मिटती नहीं आख़िरश दूरी लहर मचलती रहती यूं
इक मीठे पानी का दरिया दूजा प्यासा साहिल है।

1. समय का शासक, 2. पाखण्डी, 3. कैदी।

51

ऐ बादे - सबा[1] आ तिरा अहसान रहेगा
इक ख़्वाबे - चमन[2] कब तलक वीरान रहेगा।

किरदार हैं तो तुम भी हो अफ़सानानिगारो[3]
मिटती कहानियों में भी उनवान[4] रहेगा।

बस जाए दिल की बस्ती हम भी चाहते हैं ये
वो ज़िद पे है कि बे - सरो - सामान[5] रहेगा।

ये सोच के हमने न छोड़ा सब्र का दामन
कब तक ख़राबहालों से अनजान रहेगा।

जा तो रहा है दिल में ये ख़याल भी रहे
आँखों को तेरी दीद का अरमान रहेगा।

सब प्यास के कच्चे घड़ों को साहिलों पे रख
दरिया-ए-इश्क़ इनका निगहबान रहेगा।

---

1. प्रातः कालीन समीर, 2. स्वप्न का उपवन, 3. कथाकार, 4. शीर्षक, 5. बिना किसी सामान या रूंपत्ति के।

52

ताजिर-ए-खुशबू[1] की सदा पहचानते हुए
शाख़ों के सब गुलाब मिले काँपते हुए।

माथे पे उसके एक शिकन तक नही मिली
दुनिया को लाख सरहदों में बाँटते हुए।

साक़ी है शर्मसार अब दो बूँद भी नहीं
बैठे हैं रिन्द रूखे़ - यार[2] ताकते हुए।

अब कौन सा सवाल मिरे लब पे आएगा।
सोचा है दुआओं में तुझे माँगते हुए।

याराने - क़फ़स[3] गिन तो सलाखें ये, फिर बता
कितनी शबें गुज़ारीं हमने जागते हुए।

इन सुर्ख़, अँगुलियों से ही ऩग़मा-ए-ज़ीस्त[4] लिख
ज़ख़्मी हैं जो ज़ंजीरे - पा को काटते हुए।

---

1. खुशबू का सौदागर, 2. महबूब का चेहरा, 3. पिंजरे का साथी, 4. जीवन का गीत।

53

तोहफा नहीं है कुछ तो जां निसार ही सही
ख़न्जर-ए-दस्त दिल के आर पार ही सही

उजली घटा से आस नहीं बारिशों की है
इक सांवली सी बदली की फुहार ही सही।

बेचैन इस क़दर था लम्स ए गुल[1] के वास्ते
कहने लगा कि गुल नहीं तो खार ही सही।

तश्नालबी[2] ही शर्त है मय की तो ठीक है
जां थोड़ी देर और बेकरार ही सही।

नेमत-ए-खुदा[3] इश्क़ है गदागरी[4] नहीं
इक और जनम तेरा इन्तज़ार ही सही।

रौनक़े बज़्म[5] बढ़ती है गर हो रक़ीब भी
मौजूद नहीं है तो मेरा यार ही सही।

1. फूल का स्पर्श, 2. प्यासे अधर, 3. ईश्वर की अनुकम्पा, 4. भिक्षावृत्ति, 5. सभा का आकर्षण।

54

तेरे हाथों में रची मेंहदी अभी ताजा लगे
क्या हुआ जो पीली हल्दी सा तिरां चेहरा लगे।

दिन तो सड़कों पे भटकते गुजर जाए बारहा।
शाम जब सूरज ढले तो घर बहुत सूना लगे।

जिसकी खुशियों के लिए ये ज़िन्दगी गिरवी रखी
उसको रोता देखता हूँ तो बहुत सदमा लगे।

पत्थरों में भी गुलाबों की महक देखी गई
वहां रेगिस्तान मिलता है जहां दरिया लगे।

जाति, मज़हब, रुप-रंग, बेकार की बातें हैं सब
दिल उसी को चाहता है जो उसे अपना लगे।

बहुत है मशहूर अपनी कजअदाई[1] के लिए
देखा है हमने भी उसको, वो बहुत सादा लगे।

रह मिरी तनहाइयों के साथ या फिर छोड़ दे
फैसला है तेरे ऊपर जो तुझे अच्छा लगे।

---

1. बांकी अदाओं वाला।

55

गूँगी उड़ान का भी क्या सय्याद[1] करेगा
ताइर[2] को किसी रोज़ तो आज़ाद करेगा।

कासा[3] भी नहीं जिसके हाथ उस फ़क़ीर से
उम्मीद ग़म के मारों की इमदाद करेगा।

रस्सी पे चले भूख इक बच्चे के भेष में
अब कौन सा तमाशा इसके बाद करेगा।

क्यों दुख मना रही हैं किनारे की ज़मीनें
दरिया है, नया रास्ता ईज़ाद करेगा।

सहरा में जले धूप की चादर को ओढ़कर
अपना नसीब ही हमें सैराब[4] करेगा।

वो आ रहा है बज़्म में तो ये भी देख लें
किसको उदास और किसे शाद[5] करेगा।

रोशन है बज़्म जब तलक तो मिल भी रहे हैं
निकले यहाँ से कौन किसे याद करेगा।

गिरवी रखी समाअतें[6] नीलाम हो चुकीं
अब सोच कहाँ जाके तू फ़रियाद करेगा।

1. शिकारी, 2. पक्षी, 3. भिक्षापात्र, 4. तृप्त या भीगा हुआ, 5. प्रसन्न (संतुष्ट) 6. सुनने की शक्ति।

56

जुल्म के साथ-साथ ये भी करम[1] रहने दे
बिछड़ रहा है तो रिफ़ाक़त[2] का भरम रहने रहने दे।

वफ़ा की शाख़ पे सब अहद[3] ज़र्द पत्ते से
टूट जाते हैं, मोहब्बत की क़सम रहने दे।

मिरी दस्तार[4] के बदले में जान बख़्शेगा
हमें क़ुबूल नहीं है ये, रहम रहने दे।

सूख जाती है फ़सल यादों की जो अश्क न हों
ख़्वाब की मिट्टी है इस मिट्टी को नम रहने दे।

जाग लेआयी शबे - गम[5] तो बिछा दे पलकें
नींद आ जाएगी, आँखों को वहम रहने दे।

सर पे जो ताज है ले जा कि अता है तेरी
खुदा के वास्ते हाथों में क़लम रहने दे।

---

1. अनुकम्पा, 2. दोस्ताना रिश्ते, 3. प्रण या वचन, 4. पगड़ी, 5. दुख की रात।

57

दुनिया-ए-इश्क़ फ़ानी सही[1] राहत-ए-जां तो है
सहरा-ए-ज़ीस्त[2] में कोई दरिया रवां तो है।

नाक़िद[3] से कहो वारिसे - तहज़ीब[4] हमीं हैं
शाइर के पास कुछ नहीं अपनी ज़बां तो है।

शब भर सितारे कहकशाँ[5] सुनते हैं डूबकर
माहे - तमाम[6] तुझपे कोई दास्तां तो है।

रब! अब तो मीठे पानी का इक आबशार दे
यूं सामने नज़रों के बहरे - बेकरां[7] तो है।

आवाज़ दे रही है आँसुओं की ज़मीं, सुन
चल, बीच में ये दर्द का कोहेगरां तो है।

वो लौहो - क़लम[8] छीनने की कोशिशों में है
मैं खुश हूँ - शाइरी का कोई क़द्रदां तो है।

---

1. प्रेम का संसार नश्वर सही, 2. जीवन का मरूस्थल, 3. आलोचक, 4. संस्कृति के उत्तराधिकारी, 5. आकाशगंगा, 6. पूरा चाँद, 7. असीम समुद्र, 8. कलम और तख़्ती।

58

ग़र्द तन पे औ पाँवों में छाले मिले
सब सफ़र आँसुओं के हवाले मिले।

कोई बेबस सिसकती रही रात भर
किस तरह शाम को दो निवाले मिले।

तेरी यादों की वीरां हवेली मिली
बंद खिड़की पे मकड़ी के जाले मिले।

तीरगी ले के संगीन मुस्तैद थी
क़ैदखानों में अक्सर उजाले मिले।

नक़्शे - पा[1] नम ज़मीं पर उभरते गए
कल हमें दार[2] पे जाने वाले मिले।

जिन फ़िरोज़ी लबों के लिए हम जिए
एक दिन उन लबों पे भी ताले मिले।

---

1. पदचिन्ह, 2. फाँसी का तख़्ता।

59

गुमसुम से जुलाहे बैठे हैं कोई मन का दुख क्या पहचाने
कुछ सोच के धागे क्या उलझे सब टूट गये ताने बाने।

साक़ी पे ग़ुरूर तो अच्छा लगे पर कौन उसे ये समझाये
रिन्दों ने जब तौबा कर ली वीरान हो गये मयख़ाने।

साहिल पे जो ताजिर है उसको उम्मीद कें: दरिया सूखेगा
वो रेत का मोल समझता है तिरे गुहर की क़ीमत क्या जाने।

कोई तो उठे तिरा दर्द कहे तेरे ख़्वाब की बात करे कोई
सदियों से सुनते आए हैं वही दौरे-जुनूं के अफसाने।

जो हो न किताबों में ऐसी कोई नज़्म तो रखना अपने लिए
जैसे कि किसान बचाते हैं अगली फ़सलों के लिए दाने।

60

पाक हो जिससे दिल वो सहर भी तो हो
लब पे आयी दुआ पुरअसर[1] भी तो हो।

आती जाती है हर वक़्त मौजे - नसीम[2]
कैसे खिलते कली में हुनर भी तो हो।

सामने हो भी हुस्ने - दो आलम[3] तो क्या
ऐ जहाँताब[4] वैसी नज़र भी तो हो।

तू जो आया तो रोशन है बज़्मे सुख़न
अब शुरू रोशनी का सफ़र भी तो हो।

जिसको कहते है कू-ए-निगारां[5] वहाँ
जान दे देंगें पर तेरा दर भी तो हो।

ये क़लम जो सियाही में सैराब[6] है
इसमें शाइर का खूने - जिगर भी तो हो।

---

1. प्रभावपूर्ण, 2. हवा की लहर, 3. लोक परलोक का सौन्दर्य, 4. संसार को प्रकाश देने वाला, 5. प्रेमिका की गली, 6. डूबी हुई।

61

जोगी की तरह दिल था, मगर उसके बस में है
कुछ तो कशिश जरूर मिरे हमनफ़स में है।

तय करना ये शाइर से है कि शाइरी से इश्क
हुस्ने - ग़ज़ल[1] भी आज कैसी कश-म-कश में है।

ज़िन्दां[2] में रहते रहते उसे चाहने लगे
कुछ यूं हमारा इश्क हरीमे - हवस[3] में है।

आँखों के नीले आसमां की चाहतें तो हैं
पर क्या करें नसीब का भी, जो क़फ़स में है।

सब फ़न हैं तेरी शान में दिल की इबादतें
नाक़िद[4] न समझा आज तक झूठी बहस में है।

---

1. गजल का सौन्दर्य (महबूब), 2. कैदखाना, 3. वासना का घर, 4. आलोचक।

62

लहरों के गीत सुनाता है साहिल का इशारा करता है
तूफान जो आए तो मांझी कश्ती से किनारा करता है।

याद आए समंदर का गुस्सा जब रेत पे मछली तड़पी थी
मछुआरा थका हुआ कांधे से जब जाल उतारा करता है।

रब जाने या फिर तू जाने, तुझको हमने ऐसे देखा
जिन नज़रों से सरसब्ज़[1] फ़सल दहक़ान[2] निहारा करता है।

कोई वक्त तो ऐसा आएगा जब वो अपने लब खोलेगा
रहे-इश्क़[3] पे देखेंगे कब तक चुप रहना गवारा करता है।

तिरे शहर से आए जाए नहीं तिरा ख़्वाब पलक पे सजाए नहीं
तुझे भूल न पाये सारे जतन तिरे हिज्र का मारा करता है।

तिरी खुशबू बादे-सबा में है तेरा नूर चराग़ों की लौ में
इक चांद अब्र की खिड़की से तिरा नाम पुकारा करता है।

तुम गये तो सारी बात गई फिर पूछा किसी ने नहीं उससे
दीवाने के दिन कैसे बीते शब कैसे गुज़ारा करता है।

---

1. हरी-भरी, 2. किसान, 3. प्रेम का मार्ग।

63

दिल के सुकूं को ये सुख़न[1] तिरी कजअदाई[2] के नाम थे
मिरी रूह की थी सुख़नवरी[3] हम ख़ुद से हमकलाम[4] थे।

तेग़ो - सलीब, दार, ज़हर, संग मुँतजर[5] थे सब
बज़्मे- सुख़न में जाते भी तो पूरे इंतज़ाम थे।

इक आस थी तो मयकदे से निस्बतें[6] बनी रहीं
मेरे लबों पे तश्नगी हाथों में उसके जाम थे।

कभी गुज़रे भी तो ख़ामोशियों के साथ तुझको सदा न दी
कूचा-ए-जानां[7] में तो थे पर साथ में ग़म भी तमाम थे।

हर शाख़ में थी लचक नयी, हर गुल में ख़ुशबू खास कुछ
तू फ़स्ले-गुल[8] सा आएगा - चमन में चरचे आम थे।

ये आफ़ताब ये चाँद अपना लिबास जैसे नूर बदले
हम तेरी याद के हल्क़े में कभी सुबह थे कभी शाम थे।

अहदे - व़फ़ा[9] का टूटना तो सिर्फ़ वक़्त की बात थी
रहे - इश्क के ये राहबर अपनी हवस के ग़ुलाम थे।

---

1. काव्य या बात, 2. बाँकी अदाएँ, 3. काव्य रचना, 4. किसी के साथ बात करना, 5. प्रतीक्षारत, 6. सम्बन्ध, 7. महबूब की गली, 8. फूलों का मौसम (वसन्त), 9. प्रेम या निष्ठा की प्रतिज्ञा।

64

कहीं और जाओ तुम जहां इन्सान मिलेंगे
इस बस्ती में बस हिन्दू-मुसलमान मिलेंगे।

सय्याद अब तो देख ले बेरंग है क़फ़स
सारे परिन्दे तुझको नीमजान मिलेंगे।

जिस मोड़ पे साया भी निभाता नहीं है साथ
आवाज़ देना तुम तो मिरी जान, मिलेंगे।

उसने कहा शाइर मिरे जाएगा जहां भी
तुझको मिरे जैसे ही क़द्रदान मिलेंगे।

पगडंडियों के जिस्म पे चिपका है तारकोल
मिट्टी के कहां गाँव में मकान मिलेंगे।

इस आस में हैं शाइरी की सारी उड़ानें
इक रोज़ उन आँखों के आसमान मिलेंगे।

65

छुड़ा ले हाथ भी अब अपने मुँह को मोड़कर जाए
अगर दिल कहता है उसका तो मुझको छोड़कर जाए।

अगर जाता है, मेरे दिल से अपनी याद भी ले जा
वो अपने हाथ से रिश्तों के धागे तोड़कर जाए।

बात फैली सितारों में तो पूरा फ़लक जानेगा
चाँद जाए भी तो बादल की चादर ओढ़कर जाए।

मैं जो पत्थर हूँ अपने रास्ते से हटा दे मुझको
आईना उससे टूटा हूँ तो मुझको जोड़ कर जाए।

66

एक ख़यालों की दुनिया है जिसमें तुम हो और हम हैं
वक़्त का दरिया बहता जाए आते जाते मौसम हैं।

तर्ज़े - बयां[1] की कशिश न कम हो क़िस्सा-ए-ज़ीस्त[2] में याद रहे
सुनने वाले जाग रहे है दिल की मशालें रोशन हैं।

मक़तल[3] में जाने वाले को देख के हैरत होती है
दोस्त तो सोगवार[4] हैं पर क्यों क़ातिल की आँखें नम हैं।

रोटी दो या तख़्त छोड़ दो - रहबर चीख़े जलसे में
सुनने वाले ऊब रहे हैं भूख के मारे बेदम हैं।

हार गये जो उनपे केवल ज़ख़्मों की सौग़ात बची
जो जीते भी उनपे हाथों चिथड़े चिथड़े परचम हैं।

फ़न का हुस्न[5] सुकूने जां था, शाइर ने महसूस किया
नाक़िद[6] की सारी तहरीरें इस फ़न के पेचो - ख़म[7] हैं।

---

1. बात करने का अन्दाज, 2. जीवन की कथा, 3. वधस्थल, 4. शोक में डूबे हुए, 5. कला का सौंदर्य, 6. आलोचक, 7. उतार-चढ़ाव।

67

लौटता फिर कहां है दिल जो कू-ए-यार[1] रहे
किसी के साथ रहे तेरे तलबगार रहे।

निशाते-वस्ल[2] हो या हिज्र की अज़ीयत[3] हो
कोई भी बात चले पर तेरा शुमार रहे।

तेरे पहलू में सुकूं खोजते थे दीवाने
ये बात क्या हुई कि और बेक़रार रहे।

रिन्द को मय तो मयस्सर है मगर मय से क्या
क़दह-ब-दस्त[4] वो आये अजब बहार रहे।

तेरी कुर्बत[5] का मजा जाने-सुख़न[6] तब आए
क़ैद-ए-वक़्त[7] न हो मौसम भी साजगार रहे।

प्यास के दश्तो - सहरा[8] हर क़दम पे हैं या रब
सफ़र तबील[9] है कोई तो आबशार रहे।

फिर ये सोचा कि चलो रोज़ने - ज़िन्दां[10] खोलें
तुम्हारी याद में कुछ दिन तो सोगवार[11] रहे।

आँख दीवानी है हर लम्हा दर पे उठती है
नींद आ जाए तो ख़्वाबों में इंतज़ार रहे।

---

1. प्रेमिका की गली, 2. मिलन का आनंद, 3. यातना (दुख), 4. हाथ में प्याला लिए हुए, 5. सामीप्य, 6. बात की जान, 7. समय की पाबंदिश, 8. जंगल और रेगिस्तान, 9. विस्तृत, 10. कैदखाने की खिड़की, 11. शोकमग्न।

68

सदचाक[1] हुआ दामन और ख़ूं से तर हुआ
अच्छा हुआ क़िस्सा-ए-इश्क मुख़्तसर[2] हुआ।

सब दिलफ़िगार[3] लब की हंसी पे फ़िदा हुए
क़ातिल के हाथ आजकल ये भी हुनर हुआ।

तुम देखना सब संग उधर जाएँगे जिधर
शीशे का इक मकां कि कोई शीशः गर[4] हुआ।

इस आस में बैठे हैं सरनिगूं[5] ख़राबहाल[6]
शायद इधर भी देखे अगर बाख़बर हुआ।

दिल रेज़ा - रेज़ा[7] हो गया है, जानां देख तो
ये किसका अक़्स था जो अभी मुंतशर[8] हुआ।

वो थी शबे-विसाल[9] तेरी क़ुर्बते[10] भी थीं
पर जाने क्यों मलाल दिल को इस क़दर हुआ।

लुत्फ़े - ग़ज़लसराई[11] भी शायद नसीब हो
कल नीमशब[12] जो चाँद अगर बाम[13] पर हुआ।

---

1. सौ जगह से फटा हुआ, 2. संक्षिप्त, 3. ज़ख्मी दिल वाले, 4. शीशा बनाने बाला, 5. सर नीचा किए, 6. दयनीय स्थिति वाले, 7. टुकड़े-टुकड़े, 8. बिखरा हुआ, 9. मिलन की रात, 10. सामीप्य, 11. ग़ज़ल कहना, 12. आधीरात, 13. छत।

69

ख़ुद को पाकर फ़लक में वो हैरान थी
एक चिड़िया उड़ानों से अनजान थी।

चाँद कमरे में था मेरे पिछले दिनों
चाँदनी तक पहुँच कितनी आसान थी।

बीच में मेरे उसके तो कुछ भी न था
वो ज़माने को लेकर परेशान थी।

अनकही नज़्म सी वो भटकती रही
ज़िन्दगी जिसकी ग़ज़लों का दीवान थी

एक माँ की दुआ साथ मेरे रही
जो मेरा हौसला मेरा ईमान थी।

शाम के बाद कोई न आया गया
मेरे दिल की हवेली भी वीरान थी।

70

कोहसार[1] पे बना हरीमे - हवस[2] सजाती रहती है
राहते - जां को जब देखो तब चढ़ती और उतरती है।

मद्धम हुए चराग़ तो रेशम तारीकी ने पर खोले
ख़्वाबे - शबिस्तां[3] रफ़्तः रफ़्तः तेरी जुल्फ़ बिखरती है।

हल्क़ः -ए-शाइरी[4] तेरे इतने चर्चे है मग़रूर न बन
वरना सुन ऐ चाँद तू सच में इक पथरीली धरती है।

रूह ने माँगा चाँद जिस्म ने फिर से रोटी माँगी है
देखना कोरे काग़ज़ पे किसकी तस्वीर उभरती है।

नाच केः बर्ग़ - गुल[5] पे उतरी किरन के पाँव थिरकते हैं
महक केः तेरे लम्स[6] को पाकर भीगी रात महकती है।

पाँव डुबोये पानी में चट्टान पे सहमी बैठी है
सूरज डूब रहा दरिया में धूप की साँस अटकती है।

1. पहाड़, 2. वासना का घर, 3. स्वप्न का शयन कक्ष, 4. कविता के क्षेत्र में, 5. फूल की पँखुड़ी, 6. स्पर्श।

71

रफ़्तारे-वक़्त[1] की तरह अपना शहर भी था
जो ज़ख़्म दे रहा था वही चारागर[2] भी था।

उम्मीद - ए शाख़ आएगी इंसाफ़ की कोंपल
कतरा-ए-अश्क[3] गिरने से पहले शरर[4] भी था।

उस रौनक़े-महफ़िल की हरेक बात जुदा सी
दिलकश अदा के साथ सुख़न[5] में असर भी था।

बस एक सनाशा[6] को उम्र भर का इंतज़ार
इस भीड़ भरे शहर में तन्हा सफ़र भी था।

मुट्ठी में सीपियां थीं मगर नूर में डूबीं
उन सीपियों में कोई दमकता गुहर[7] भी था।

अफ़सोस! तुझे छोड़कर जो जा चुका है आज
इक दिन तेरी आमद को वही मुंतज़र[8] भी था।

आँखें झुकी सी हाथ लरजां[9] जाम देते वक़्त
अहले - सबू[10] बताओ क्या मय में ज़हर भी था।

इक तुम ही नही आतिशे - हिजरां[11] में जले हो
तनहाइयों के दर्द का मौसम इधर भी था।

1. समय की गति, 2. इलाज करने वाला, 3. आँसू की बूँद, 4. शोला, 5. बात, 6. परिचित, 7. मोती, 8. प्रतीक्षारत, 9. कम्पित, 10. साथ पीने वाले, 11. वियोग की अग्नि।

72

सस्ते फिल्मी गीत का इक अंतरा गाती हुई
साइकिल पे जा रही है भोर इठलाती हुई।

बढ़ा दी उसने हथेली इसपे ऑटोग्राफ़ दो
होठों पे मुस्कान लेकिन आँख शरमाती हुई।

हल्का सा फीवर था बच्चे को मगर वो सो गया
जागती है माँ अभी माथे को सहलाती हुई।

उसकी ज़िद है चांद गर निकले तो उससे पूछकर
हवा भी गुज़रे तो उसके झंडे फहराती हुई।

जो भी देखा दर्शकों ने उसको बाहर मत कहें
ड्रामे के आख़िर में इक आवाज़ धमकाती हुई।

मीठा जल कैसे हुआ खारा नहीं मालूम है
नदी रोती है समन्दर की क़सम खाती हुई।

73

हमें क़ासिद[1] से और क़ासिद को हमसे काम क्या होगा
हमारे वास्ते ख़त में भला पैग़ाम क्या होगा।

सज़ा दे, बंद कर आँखें, ये फ़र्दे-जुर्म[2] रहने दे
हमें मालूम है कि इश्क़ पे इल्ज़ाम क्या होगा।

ये हो सकता है धोखा खा गई हों रिन्द की आँखें
शेख़ तो शेख़ है हाथों में उसके जाम क्या होगा।

ख़त्म हो जाए रौनक़ तेरी गलियों की पता जो हो
सफ़र कैसा रहेगा सफ़र का अन्जाम क्या होगा।

ये सिक्के सोने के साबित हुये है ठीकरे ताजिर[3]
जो बिकने को नही राजी है उसका दाम क्या होगा।

न उसका आना मुमकिन है न टूटे आस साँसों की
खुदा जाने या तू जाने दिल-ए-नाकाम[4] क्या होगा।

---

1. पत्रवाहक, 2. अपराध का विवरण, 3. व्यापारी, 4. असफल हृदय।

74

लब पे हंसी को सजाये हैं दिल में छिपाये अदावतें
अहले चमन[1] वो कहाँ गये, कहाँ खो गई है रिफ़ाक़तें।[2]

वो झुक गया तो तख़्त से दस्तार[3] उसको अता हुई
इक पल न बीता धुआँ हुये सभी इन्क़लाब, बग़ावतें।

जो क़ाफ़िले में शरीक है सभी रहज़नों से डरे हुये
उस पे ज़ंजीर है पाँव की मीरे-सफ़र की हिदायतें।

तुझे कामयाबी अज़ीज़ थी तो अना[4] ही मेरे क़रीब थी
तूने सब अक़ीदे[5] बदल लिए तो बदल गई मेरी आदतें।

जैसे बेल लिपटे दरख़्त से, मिलते ही उसका ये हाल था
सब धीरे-धीरे फना हुआ जो मलाल था, जो शिकायतें।

उस कारवाँ का दुख तो देखो जो रोशनी में भटक गया
नयी रहगुज़र न तलाश की मगर छोड़ आये रवायतें।

कभी फूल के ध्यान में डूब जा महसूस ख़ुशबू का लम्स कर
नदी के भजन में शरीक हो कभी सुन परिन्दों की आयतें।

---

1. उपवन के साथी, 2. मित्रता, 3. पगड़ी, 4. अहं (स्वाभिमान), 5. विश्वास।

75

वो बात मिरी सुनता ही नहीं मैं दर्दे-दिल कहता ही नहीं
दिल ऐसी वीरां हवेली है अब जिसमें कोई रहता ही नहीं।

शब भर तिरे ख़्वाब से रौशन था अब भोर हुई पंछी बोले
अब भी तिरी आस में जलता है दिल का ये दिया, बुझता ही नहीं।

महफ़िल की सारी मुस्कानें, तनहाई का दर्द छिपाये हैं
वो शख़्स दरीचा[1] है ऐसा किसी दस्तक पे खुलता ही नहीं।

अपना दुख तेरे ग़म लेकर खो जाएंगे ग़ज़लसराई[2] में
सोचा था मगर नाकाम हुए वो नक़्शे दिल[3] मिटता ही नहीं।

हद में रहता है ग़मे दरिया सैलाब को थामे रहता है
जिस अश्क में तेरा ख़्वाब सजे वो आंख से फिर गिरता ही नहीं

दहक़ानों के सांवले मुरझाए चेहरों को ताका करती हैं
सूखी फ़सलों की ज़मीं पे नज़र इन्हें चांद कहीं दिखता ही नहीं।

साक़ी का कुसूर तो कुछ भी नहीं मय से लबरेज़ करे प्याला
हाथों में उठायें छलक जाये मेरे होठों से लगता ही नहीं

दरबार से लौटे कसीदांख्वां[4] रेशम में सजे तमगों को लिए
मिरे सारे सुख़न हैं तेरे लिए मैं उनके लिए लिखता ही नहीं।

1. खिड़की, 2. ग़ज़ल कहना, 3. दिल पर बनी छाप, 4. प्रशस्तिगायक।

76

न वक़्त को था क़ुबूल ये और निजाम की भी रज़ा नहीं की
जुदा हुए हम अगर तो इसमें तेरी मेरी ख़ता नहीं थी।

वो नाम ले के बुला रहा था, कसम वफ़ा की उठा रहा था
मैं कब का उससे बिछड़ चुका हूँ ये बात उसको पता नहीं थी।

किये है किसने चराग़ रोशन, ये धूप में कौन छाँव जैसा
बचाया किसने है हादसों से-अगर वो माँ की दुआ नहीं थी।

न मिठास दरिया के आब[1] में थी, न दुआ फ़क़ीर के लब पे देखी
न नवागरों[2] के लबों पे नग़में, शहर में अमन की फ़ज़ा नहीं थी।

वही नवाज़े जा रहे थे जो सोच गिरवी रख चुके थे
गुहर-ओ-रेशम से सज रहे थे मगर वो उनकी क़बा[3] नहीं थी।

चराग़ भी हैं तीरगी भी, ये दूरियों के साथ मिलना
अब जा के दिल को पता चला है ये राह राहे-वफ़ा नहीं थी।

उठा ये परचम बढ़ा क़दम कि ज़ंजीर टूटे दस्तो-पा[4] की
ख़याल रख ये कहे न कोई, कि तेरे सर पे रिदा[5] नहीं थी।

ये खिड़कियों पे उदासियों के परदे कैसे लरज़ रहे हैं
अगर वो तेरी नहीं थी आहट अगर वो बादे-सबा[6] नहीं थी।

लहर से दरिया, उड़ान पर से, ख़्वाब नींद से जुड़े हुए हैं
अब्र में बारिशों की तरह तू कही भी मुझसे जुदा नहीं थी।

1. पानी, 2. गीतकार, 3. परिधान, 4. हाथ और पाँव, 5. चादर, 6. प्रातः कालीन समीर।

77

हर खार लगे नश्तर की तरह फूलों की क़बा भी आग हुई
ये किसके दिल से आह उठी ये किसकी पलक नमनाक[1] हुई।

कोई कहे कि रहज़न आये थे कोई कहे कि रहबर देख लिया
लूटे गये लोगों को नींद कहां, सारी बस्ती में जाग हुई।

देखा था उनींदे तारों ने जब चाँद ने अपने पाँव[2] रखे
लहरों में इक हलचल सी हुई पानी की सतह शफ़्फ़ाक[2] हुई।

तू इश्क़ करे ताजिर[3] की तरह हर मोड़ पे सोचे सूदो-जिया[4]
जा मेरे दिल की हवेली से, जा तिरी ख़ता मुआफ़ हुई।

आ देख कभी मेरी चाहत की रंगत को तुझसे ज्यादा हसीं
तेरी ख़्वाहिश की जो असीर[5] रही बरसों से वो अब आजाद हुई।

नोके-ख़ंजर[6] के मुकाबिल अब आओ कि जिगर अपना रख दें
नग़मा-ए-ज़ीस्त का क्या होगा लफ़्ज़ों की रिदा जो चाक हुई।

खुशबू की ज़द में लफ़्ज़ रहें, जैसे माँ की नज़र में रहें बच्चे
वो सिन्फ़े-ग़ज़ल[7] थी लेकिन अब मेरे मुल्क़ वो तेरी ख़ाक हुई।

---

1. भीगी हुई, 2. दूधिया सफेद, 3. व्यापारी, 4. लाभ और हानि, 5. कैदी, 6. खंजर की नोंक,
7. गज़ल की विधा।

78

फूलों सा सरापा है जिनका टकराते हैं सर दीवारों से
ऐसा भी सुलूक हुआ है क्या तिरे शहर में ग़म के मारों से।

जिसने ख़ूं से सींचे हैं शजर गुलशन से निकाला जाता है
पर यार लगाये हैं अब भी इन्साफ़ की आस बहारों से।

कोई डूबने वाला डूब गया साहिल पे आमदो रफ़्त[1] नहीं
इक कश्ती मगर सिसकती है लिपटी ख़ामोश किनारों से।

उस रात फ़लक में चाँद नहीं तनहाई के आलम में हम भी
जागते हुए वो रात गई करते रहे बात सितारों से।

मेरी शाइरी लफ़्ज़ के धागे से पैरहन बनाती उनके लिए
जो सुख़न कहे थे तुमने कभी ख़ामोशी से कभी इशारों से।

अब पलकों से ख़ार चुनें तो क्या दिल को कोई रंज़ो-मलाल नही
वाक़िफ़ हुए तुझसे हुस्ने चमन तेरे पुरक़ैफ नज़ारों से।

जब सारे फ़ैसले तेरे थे किसलिए नसीब पे रोता है
तूने ख़त लिक्खे हैं बादल को तूने प्यार किया बंजारो से।

1. आना-जाना।

79

हटा परदे, दरीचे खोल, तेरा दीद हो जाए
चाँद निकले कि ना निकले, बला से-ईद हो जाए।

बयाज़े-दिल[1] पे लिक्खा शेर पूरा ही नहीं होता
उठो ग़ालिब मियां[2] देखो जरा, ताईद[3] हो जाए।

छोड़ तकिया तू अपनी बाँह रख दे, ज़ुल्फ़ बिखरा दे
थकानें ओढ़ कर सोयें कि पूरी नींद हो जाए।

रोशनी साथ लेकर निकल पड़ता मुँहअँधेरे ही
हुज़ूर सूरज की खातिर आज इक ताकीद[4] हो जाए।

फ़सल अच्छी हो तो क़रज़ा भी पट जाए महाजन का
शायरी हो तो नाक़िद तेरी भी तनक़ीद[5] हो जाए।

---

1. कविता लिखने की दिलरूपी कापी, 2. कवि मिर्जा गालिब, 3. परामर्श, 4. चेतावनी, 5. आलोचना।

80

खिड़की से जो झांके बादे-सबा तो तेरा गुमां हो जाता है
पर सच का सूरज उगते ही तिरा अक्स धुँआ हो जाता है।

मिरे पाँव थके हैं होंट सिले, अब मीरे-सफ़र से कैसे कहें
वो बोझ उठाये है सर पे केः जिस्म कमां हो जाता है।

मैं इक-इक मिसरे की ख़ातिर जागूं शब भर बेचैन रहूँ
लफ़्ज़ों में ढले भी दर्दे-जिगर तो तेरा बयां हो जाता है।

साँसों की हवा, अश्कों की नमी तिरे ग़म की चमकती धूप छुये
तिरी याद का इक नन्हा पौधा बढ़ता है जवां हो जाता है।

आईनागरो[1] न हिरासां हो जख़्मी ताइर[2] की बात सुनो
कोई ख्वाब बिखर तो सकता हैं मिसमार[3] कहाँ हो जाता हैं।

जो वक़्त लिखे खिलते गुल पे तो फ़सले-बहारां पढ़ते हैं
इक ज़र्द से पत्ते पे लिक्खा-मौसम-ए ख़िज़ां हो जाता है।

तिरे नूर की सिर्फ़ नूर गवाही दें ये जो भी चराग़ां हैं रोशन
तिरा अक्स जहा भी नज़र आये सजदा भी वहाँ हो जाता है।

शे'अरी तख़लीक़[4] मिरी उसपे जो धूप में जलती ज़मीनों सा
जो शख़्स शदीद बारिशों में मिट्टी का मकां हो जाता है।

1. दर्पण बनाने वाले, 2. पक्षी, 3. ध्वस्त, 4. काव्यात्मक सृजन।

81

ये किसने रख दिया है आसमां को इम्तहानों में
परिन्दे हो रहे हैं आजकल ज़ख़्मी उड़ानों में।

तुम्हीं गाओ तुम्ही सुन लो हमें कुछ और करने दो
सुकूं मिलता नहीं है इश्क़ के झूठे फ़सानों में।

न वक्ता हैं न श्रोता हैं खत्म जलसा हुआ कब का
हवा हंगामा बरपाये हैं सूने शामियानों में।

स्थगित हो गई संसद आगामी सत्र तक लेकिन
अदीब फिर भी जुटे है बहस करने चायख़ानों में।

रक़ीबों[1] पे नवाज़िश[2] है नदीम[3] ठुकराये जाते हैं
बहुत मायूसी छायी है तुम्हारे क़द्रदानों में।

---

1. शत्रु, 2. अनुकम्पा, 3. दोस्त।

82

हाथ धोये थे कल क़ातिलों ने आज उसका असर हो गया है
मीठे पानी की जो इक नदी थी उसका पानी, ज़हर हो गया है।

सब्ज़ शाख़ों पे ताइर के घर हैं उसके साये को हैं मुंतज़र[1] सब
तेरा रोपा वो नन्हा सा बिरवा अब तनावर शजर[2] हो गया है।

आमदे-यार[3] की आस थी तो शब गुज़ारी है आँखों में हमने
तेरी यादों का मेला लगा था दिन वहाँ पर बसर हो गया है।

भीड़ में अपनी पहचान गुम है अब यहाँ से कहीं और जायें
देखते हैं कि अब तो दीवाना, तेरा सारा शहर हो गया है।

उसके ख़्वाबों से कटते गये है, हम भी दुनिया के ग़म में उलझकर
वो भी अपने ख़यालों में गुम है, मुझसे कुछ बेख़बर हो गया है।

हाथ से हर दुआ गिर गई है, तेरी चाहत भी अब खो गई है
हम फ़क़ीरों पे कशकोल[4] था इक, वो भी तेरी नज़र हो गया है।

चाँद पूरा खिला था, लहर भी ज़ोम पे थी कि उसने कहा ये–
इश्क़ भी साहिलों-पर बनाया, रेत का एक घर हो गया है।

लुट रहे हैं निशां मिट रहे हैं प्यास के कारवाँ चल रहे हैं
फिर भी समझाया है हमने दिल को, मयकदे का सफ़र हो गया है।

मेरे खूने-जिगर ने भी दी है नयी रंगत क़बा-ए-ग़ज़ल[5] को
तेरी आँखों का ग़म अश्क था जो लफ़्ज़ बन के गुहर हो गया है।

---

1. प्रतीक्षारत, 2. मजबूत तने वाला पेड़, 3. महबूब का आगमन, 4. भिक्षापात्र, 5. ग़ज़ल का परिधान।

83

इन्साफ़ की ड्योढ़ी पे आकर तकदीर के मारे रोते थे
सब देखने वाले देखते थे अहसास की पलकें भिगोते थे।

इक टुकड़ा धूप की खातिर वो ताउम्र तरसते रहते थे
वो लोग जो अपने कांधे पे इक इक दर्द का सूरज ढ़ोते थे।

माँझी अपने फ़न के माहिर तूफां से मरासिम[1] थे जिनके
जो रेत पे नाव चलाते थे दरिया में लाके डुबोते थे।

नई नस्ल का देखो नसीब कि अब अश्कों की फ़सल काटती है
अजदाद[2] तो उनके खेतों में यूं नाज के दाने बोते थे।

खो जाता है ज्यों उड़ता ताइर धब्बे सा फ़लक की बाँहों में
ऐसे ही ग़ज़ालां प्यासे सब सहरा के तिलिस्म में खोते थे।

अब टूट गये तो बात गई, लगता है फ़लक भी भूल गया
हम भी कभी चाँद के आँगन में चमकीले सितारे होते थे।

मत पूछ कि शब कैसे गुज़री तेरा ख़्वाब सजाने वालों की
किसी करवट चैन नहीं आया कभी जागते थे कभी सोते थे।

1. सम्बन्ध, 2. पूर्वज।

84

गूँजने दो अभी गाली लतीफे उनको गाने दो
वक़्त की शाइरी होगी मगर वो पल तो आने दो।

वो जिसकी आँख बिल्कुल ग़ज़ल का दीवान लगती है
दावते-सुख़न[1] दो उसको ज़रा माइक पे जाने दो।

तुम सारी रात कहते हो वो सारी रात सुनते हैं
अगर ये दर्द है उनका तो खुद उनको सुनाने दो।

गुज़ारिश है पतंगो और परिन्दों को जगह दे दो
बचे जितना फ़लक उसमें उन्हें टॉवर बनाने दो।

किताबों की जगह रख दो कभी फुटबाल बस्ते में
रहो संजीदा तुम बच्चों को लेकिन मुस्कराने दो।

ये जो शफ़्फ़ाक[2] बादल है अभी कुछ साँवला होगा
घटा बनते हुये देखो फ़लक पे उसको छाने दो।

कैमरे लगे हैं इस सीन को कवरेज़ करने में
चील के पँजों में ज़ख़्मी कबूतर छटपटाने दो।

1. काव्य पाठ का आमन्त्रण, 2. दूधिया सफेद।

85

खोलें पर तो किरन जागती है, ये उड़ें तो उजाले हुए हैं
मेरे लफ़्ज़ों के सारे परिन्दे मेरी साँसों के पाले हुए हैं।

खुशबुओं की उड़ानें है ज़ख़्मी सारी कलियाँ उदासी में डूबीं
इस क़दर अब धुँआ है चमन में जिस्म फूलों के काले हुए हैं।

गर असासा बचाना है तो फिर जां हथेली पे रख ले मुसाफ़िर
चल रहे हैं जहां वो इलाके क़ातिलों के हवाले हुए हैं।

कू-ए- जानां[1] की रौनक़ के चरचे, हुस्ने-जां की कशिश[2] के फ़साने
ग़म के मारों को सब कुछ पता है, ये वहीं के निकाले हुए हैं।

किस तरह अलविदा कह रहे हैं, जानता ही नहीं जाने वाला
धड़कनों पे रखा कैसे काबू कैसे दिल को सँभाले हुए हैं।

दिल में टूटा सा कुछ जब वो बोला-भूल जा मेरे शाइर मुझे अब
कल हम तेरी ग़ज़ल थे, मगर अब गर्द लिपटे रिसाले[3] हुए हैं।

जो रूख़े-यार[4] का आईना था, शाइरी में मिरी उसको देखो
भूखे बच्चे उसी चाँद को अब रोटियों सा उछाले हुए हैं।

---

1. प्रेमिका की गली, 2. प्रेमिका के सौन्दर्य का आकर्षण, 3. धूल भरी पलिका, 4. महबूब का चेहरा।

86

जिया है साँसों में जिसको सजाया औ सँवारा भी
ग़ज़ल के मौसमों में एक मौसम है हमारा भी।

बर्फ़ जिस तेज़ी से गिरती है गिरता जाए पारा भी
जमा डल झील का पानी थमा उसका शिकारा[1] भी।

तू पत्थर की हवेली में सदा आईनागर[2] की थी
गुज़रते थे तो सोचा था तुझे, रूककर पुकारा भी।

लिए फिरती हैं लहरें कश्ती को अपनी हथेली पे
उठा पतवार हाथों में तो आ जाए किनारा भी।

अभी उम्मीद रख, इतना बड़ा है आसमां उसका
बहुत मुमकिन है चमके तेरी क़िस्मत का सितारा भी

देखें राजेन्द्र जी[3] ने अब के हल्ला किसपे बोला है
लिए आना शहर से हंस[4] का ताजा शुमारा[5] भी।

---

1. कश्मीर की सुसज्जित नौका, 2. दर्पण बनाने वाला, 3. प्रख्यात लेखक राजेन्द्र यादव, 4. एक पत्रिका, 5. अंक ISSUE।

87

तनी गुलेलों को शह देना फ़लक[1] तेरा ईमान नहीं
अगर मिले परवाज़[2] तो फिर ताइर को फ़िक्रे-जान[3] नहीं।

तिरी आँख से आँसू बनकर गिरे जो हम तो गुहर हुए
कोई उठाये हमें मगर लेंगे तेरा अहसान नहीं।

चूम के माथा प्यास का हमने उसे मुकद्दर मान लिया
अब तेरी भी रहमत का तालिब[4] मैं मेरी जान नहीं।

बीच में ग़म का कोहेगरां[5] है लफ़्ज़ ढ़लान से डरते हैं
दर्द-ए-दिल को लब तक लाना भी तो कुछ आसान नहीं।

चलो वहीं पर उसकी नज़रे-सुख़न[6] का जलवा देखेंगें
इस हंगामें में तो दिल की राहत का सामान नहीं।

दीदावरों[7] को नाज़ कि खुशबू की सब तहरीरें पढ़ लीं
गुलचीं[8] आ के जा भी चुका है शायद उन्हें गुमान नहीं।

टूटे ख़्वाब पलक पे लेकर कितनी शबें गुज़ारेगा
अब सो जा दीवाने उसके आने का इमकान[9] नहीं।

---

1. आकाश, 2. उड़ान, 3. प्राणों की चिन्ता, 4. प्रार्थी, 5. दुर्गम पहाड़, 6. दृष्टि का काव्य, 7. आँखों वाले, 8. फूल चुनने वाला, 9. सम्भावना।

88

जो जागे साथ चराग़ों के नीदें अपनी बरबाद करे
कभी छेड़े बात सितारों की, कभी पूरे चाँद को याद करे।

परवाज़ की खातिर लड़ता है, ज़ख़्मी पर से जो सलाखों से
ताइर को हिरासां करने को, कोई जतन नया सय्याद करे।

कोई डूबने वाला डूब गया साहिल पे आमदो रफ़्त नहीं
क्या फर्क है देखने वाला अब अफ़सोस करे, इमदाद करे।

ऐ जाने-सुख़न कोई और नही मुझ सा जो नसीब लिखे तेरा
खुशबू सा सहेजे फूलों में बादल सा तुझे आज़ाद करे।

जो सच की गवाही देता है जां देके चुकाए क़ीमत भी
ज़िदां का नसीब लिखे भी अब मुंसिफ़ से कहो इन्साफ़ करे।

तूने सब्र किया है सदियों से वो दिन भी आने वाला है
तिरे बीच से कोई सदा गूंजे जो तेरे ही ग़म की बात करे।

ख़ामोश चट्टानों पे उसने जैसे लिक्खे बोल इबादत के
मिरी जां से उठा है इक नग़मा कोई लब मेरे आज़ाद करे।

शोहरत के तमाशे देख लिये चेहरों में सुकूं भी खोज लिया
दीवाने से कह जो थकान मिटे तो अपनी रूह तलाश करे।

जो ताज रखे सबके सर पर कीचड़ को छुए कंवल कर दे
वही ज़ख़्मी जिस्मो-जां लेकर बस्ती-बस्ती फरियाद करे।

उसके लब पे रख दी मैंने उसकी ही बात ग़ज़ल करके
जो शख़्स अकेले में रोये जो भीड़ में जिंदाबाद करे।

89

गुमनामी के वो मुश्किल दिन थे हम अपना भेस छिपाये थे
तुझे अब तो याद नहीं होगी, हम तेरे शहर भी आये थे।

वो थी तो शबे-फ़िराक़ मगर तिरे आने की आस नहीं टूटी
हम अपनी पलकों की ओट में इक उम्मीदे-चराग़ां जलाये थे।

जब तक थी जमीं तुझपे आँखें, समझे थे नसीबां जाग गया
तिरे दीवानों ने जब ख़ुद को देखा, तो बहुत शरमाये थे।

वो रिन्द भी प्यासे लौट गये, जो जान से प्यारे थे तुझको
हम जाम की ख़्वाहिश क्या करते, तिरी नज़र में यूं भी पराये थे।

उससे ही ख़फ़ा सा रहता है इस वक़्त निगहबाने गुलशन
जो सबब था फ़स्ले बहारां का, जिसने सब फूल खिलाये थे।

छू ले जो हवा पत्ता काँपे तो चौंक के ख़्वाब से जाग उठें
नज़रों के ग़ज़ालां नींद में भी आहट पे कान लगाये थे।

जो तीज के चाँद का पैकर था, सूरज ने किया था जिसे रोशन
सब भूल गये कि हवाओं ने ऐसे भी चराग़ बुझाये थे।

सच की सरहद पे देखा तो सब ख़ेमे सूने-सूने से
सरनिगूं सिपाही थे सारे, परचम को आधा झुकाये थे।

उनको अपने फ़िक्रो-फ़न का मेआर बचा ही लेना था
जो उसके वकार के हक में लड़े जो जान की बाजी लगाये थे।

ये बात उन्हें मालूम न थी उनका ही अक्स है शीशों में
आईनागरों पे गुस्सा थे जो हाथ में संग उठाये थे।

90

ढूंढ़ो उसे कि रूह उसकी तश्नाकाम[1] है
वो जिसने मयकदे पे लिखा-मय हराम है।

जो लोग तौबा कर चुके है, उनके लिए भी
इस शामे-मयकशी[2] में खास इन्तज़ाम है।

यूं है फ़रोग़े-नूर[3] ग़म के तारे छिप गये
देखो फ़लक, उरूज़[4] पे माहे-तमाम है।

तुझसे गुरूरे-हुस्न का शिकवा भी क्या करें
होना नही था पर हमें ज़ोमे-कलाम[5] है।

फूलों का ऐसे खिलना तेरे आने की ख़बर
खुशबू का यूं लिपटना तेरा एहतराम[6] है।

लिखते नही क़सीदे[7] हुक्मरां की शान में
मेरी क़लम का मौज़ू[8] तो मेरी अवाम है।

कुछ बात है जो लोग पूछते हैं आजकल
ये किसका मुल्क है, यहाँ किसका निज़ाम है।

---

1. अतृप्त, 2. शराब पीने की शाम, 3. प्रकाश की वृद्धि, 4. उत्कर्ष (चरम), 5. काव्य सृजन दर्प, 6. स्वागत, 7. प्रशस्ति, 8. विषय।

91

खुदी है नींव के पत्थर पे वो तस्वीर किसकी है।
हवेली है तुम्हारे नाम, पर तामीर किसकी है।।

तुम्हारे हाथ में थी जो, वो शाख़े-गुल किसे दे दी।
जिसे थामे हुए हो आजकल शमशीर किसकी है।।

रखी हैं बन्दिशें किसने कहो आजाद होठों पे।
तुम्हारे पाँव में बजती हुई ज़ंजीर किसकी है।

वो शब भर जागे हैं देखा हैं अंज़ामे मुहब्बत को।
चराग़ों को पता है रोशनी की हीर किसकी है।।

तिरे हाथों की रेखा देख ली जब से हिरासां है।
नजूमी[1] क्या बतायेगा कि तू तक़दीर किसकी है।।

अदीबों से मरासिम[2] हैं न रस्मो-राह नाक़िद से।
हमें मालूम क्या ये अदब की जागीर किसकी है।।

---

1. भविष्यवक्ता, 2. रिश्ते।

92

उठाये हुए हैं सर पे मयकदा, बहकने वाले।
बहुत शरमाते हैं साक़ी से प्याला माँगने वाले।।

सितारों को सुनाने को फ़साने लाख हैं उनपे।
चैन से कहाँ सोते हैं तुम्हारे चाहने वाले।।

एक दिन पत्थरों के शहर में देखा था हमने भी।
दोबारा लौटकर आये नहीं फिर आइने वाले।।

देखने आये हो जो रक़्स तो फिर डूबकर देखो।
मिरी नज़रों के आगे हैं तमाशा देखने वाले।।

हवेली गिर रही बेनूर होकर रो रहे वो भी।
ग़ौर से देख कारीगर के बाज़ू काटने वाले।।

नुकीले संग को गोलाइयां बख़्शी हैं पानी ने।
बहुत देखे हैं हमने बहते दरिया थामने वाले।।

93

बेचैन हैं समाअतें[1] दो बोल सुना दे।
मुझको नहीं तो अपनी रूह को ही सदा दे।।

आलम ए सुकूं[2] में भी दिल है बेकरार सा।
ऐ दिलनवाज़ आ कि मिरे ज़ख़्म जगा दे।।

साजे-तरब[3] पे मुझको ज़िंदगी की धुन सा रख।
मैं तेरी बात हूं तो मोतबर[4] भी बना दे।

दुनिया जहाँ की बात करें जो फ़क़ीर से।
मुट्‌ठी में भरे ख़ाक हवाओं में उड़ा दे।।

इमकान[5] हूं मैं अपने क़बीले के ख़्वाब का।
मैं नाम नहीं रेत पे लिक्खा जो मिटा दे।।

वो जूदरंज़[6] हवा के झोंके सा खो गया।
यूं ही कहा था मुझसे बिछड़कर के दिखा दे।।

---

1. सुनने की शक्ति, 2. संतुष्टि का वातावरण, 3. मस्ती का साज, 4. विश्वसनीय, 5. सम्भावना, 6. शीघ्र क्रोधित होने वाला।

94

उजड़ती वादियां जंगल मिटा देने की तैयारी।
नदी गुस्से में थी तो तोड़ दीं उसने हदें सारी।।

ये दीगर बात है नॉवेल का मौज़ू नहीं है अब।
अभी छूटी नहीं है होरी[1] के बच्चों से बेगारी।।

वहाँ रिश्तों में गरमाहट और अपनापन कहाँ होगा।
जहाँ टी.वी. सिखाता हो मुहब्बत और रवादारी।।

अकेले आदमी को ज़िन्दगी दो पाट में पीसे।
इधर हैं खेत रेहन पे उधर अम्मा की बीमारी।।

किताबों ने कहा-आओ चलें, नाटक में क्या रक्खा।
द्विअर्थी गीत, फूहड़ नाच, साज़िश और मक्कारी।।

ज़ुल्म भी करता है तो अपनी मजबूरी बताता है।
बहुत मासूमियत तुझमें अदा तेरी बहुत प्यारी।।

---

1. उपन्यास गोदान का नायक।

95

वक़्ते-फ़िराक़[1] गुज़र गया शबे इन्तज़ार[2] तो हो गई
वो अहदे वफ़ा[3] पे और ख़ुद पे शर्मसार तो हो गई।

दिल जख़्म ज़ख़्म हो गया पर उसका रंज़ो ग़म भी क्या
सुकूते-रूह-ए-सुख़नवरी[4] अदब[5] में शुमार तो हो गई।

तेरी क़ुरबतों[6] के साथ जला चराग़े-दिल वो बुझ गया
कुछ पल सही मगर शामे-ग़म यादगार तो हो गई।

जो ख़ूने दिल से लिखी गई मगर आज तक न सुनी गई
मिन्नतक़शों[7] की अर्ज़ फिर भी बावकार[8] तो हो गई।

मेआॅर[9] बचा जान मिरी और देखना भी क्या
बज़्मे सुख़न रिदा-ए-लफ़्ज़[10] तार तार तो हो गई।

दौलते इश्क़ के सिवा हम फ़क़ीरों पे है भी क्या
आ दिल लुटा दें तुझपे हम कि जां निसार तो हो गई।

1. वियोग का समय, 2. प्रतीक्षा की रात, 3. निष्ठा की प्रतिज्ञा, 4. आत्मा के मौन का काव्य, 5. साहित्य, 6. सामीप्य, 7. फरियाद करने वाले, 8. गरिमा से पूर्ण, 9. स्तर, 10. शब्दों की चादर।

नज़्में

या रब मेरे

या रब मेरे या मौला मिरे
मिरी अरज सुनो भी कब के खड़े
जैसे सबका दुख दर्द सुना
मुझमें भी रहमोकरम कर दे...

वो शिद्दत गम की धूप में है
चाहत की सब फ़सलें सूखीं।
देखो तो हिरासां हैं कलियां
जो आस की शाख़ों से टूटीं।
इक घटा उठे तेरी रहमत की
ख्वाबों की मिट्टी नम कर दे...

या रब मेरे या मौला मिरे
मिरी अरज़ सुनो भी कब के खड़े।
अब जाग से हैं पलकें बोझल
नीदें लौटा दे रातों की।
मिरे लब से हटा दे हर बंदिश
मिरी काट जंजीरें हाथों की।
मिरे हाथों से सब कुछ ले ले
बांहों में मेरा सजन कर दे।...

या रब मेरे या मौला मिरे
मिरी अरज़ सुनो भी कब के खड़े
हरियाली सा फैला दे खुद को
जंगल की तरह तन हो जाए।

मिरे प्यार को काली घटा बना
इक मोर सा ये मन हो जाए।...

रह रह के पाँव थिरकते हैं
इस रक़्स[1] में मुझको मगन कर दे।...
या रब मेरे या मौला मिरे...

1. नृत्य।

बारिश

महीनों दिल ज़मीं का
जलता रहता है...तरसता है
आसमां के किसी कोने से
इक बादल उमड़ता है
निकल पड़ती हैं बूँदें
रक़्स[1] करती हवाओं के इशारों पे
हरे पत्तों के साज़े-तरब[2] पे
आब की पायल खनकती है...
उमगता दिल है जब
बारिश की बूँदों का
तो जमीं का जलता हुआ माथा
बेतहाशा चूम लेती हैं...
महक उठती है मिट्टी
और फिर सैराब होती है
फैल जाती है हरियाली की चादर
केः जैसे नर्म मखमल हो...
दरख़्तों का हरापन और भी
गहराता जाता है
मचल उठते हैं दरिया
लहर को आगोश में लेकर
लहक उठते हैं दहक़ानो[3] के चेहरे
रात सोये हुए बच्चे
रोटियों के चाँद के ख़्वाबों में खोये

---

1. नृत्य, 2. मस्ती का साज, 3. किसान।

कैसे मुस्कराते है...
बही बच्चे...क़ाग़ज की नयी
कश्ती बनाते हैं...
ये नन्हे नाखुदा[1] आंगन में
फिर उसको बहाते है...
देखकर बूँद...
डर जाती है अपने होने को लेकर
जज़्ब हो जाऊंगी मिट्टी में
या कि बहते हुए दरिया की
लहरों में सिमटना है
व़जूद इतना ही अपना था
इसी के वास्ते
क्या हमको बादल से बिछड़ना था...
सदा धीमी...
हवा की गूँजती है फिर फ़ज़ाओं में
प्यास की शिद्दतें है क़ैद
मौसम की क़बाओं में
हवा चलती...धूप जलती
नमी सब सूख जाती है...
ज़मीं की नींद इक झटके से
जैसे टूट जाती है...
कि जैसे आंधियों में ख़्वाब के
सब आशियां टूटें
कि जैसे आसमां से टूटता है
आस का तारा
वही जलता हुआ तन, सूखी फ़सलें
बरहना पेड़, बिन पत्तों की शाख़ें
आसमा ताकें...
परिंदे आबो-दाना खोजने
हिजरत[2] को जाते हैं...

---

1. मल्लाह, 2. प्रवास पर जाना।

नमी उड़ती ज़मीं से
जैसे फूलों से उड़े खुशबू
ज़मीं से थोड़ा ऊपर और ऊपर
बादलों की शक्ल लेती है
मचलती रहती हैं बूदें
किसी बादल के सीने में
किसी बेबस के दिल में जिस तरह
अरमां मचलते हैं
कि जैसे नीली आँखों के समंदर में
अश्क के मोती मचलते हैं
ज़मीं तपती ही रहती हैं
हों जैसे काकुलें[1] तेरी
ज़मीं के बख़्त[2] पे काली घटा
झुकती ही रहती है
प्यास बिल्कुल नही थकती
कभी बारिश नही रूकती...

1. केशराशि, २. माथा।

ख़्वाबे-परीशां[1]

रस्ते पर लिख दिया किसी ने
राहगुज़र ये नही है आम।
घिर आयी बेख़्वाब[2] नज़र में
थकी-थकी सी सूनी शाम।

पीने की तो छोड़ो, वाइज़[3] कहता
छूना तलक हराम
मुद्दत से हम सोच रहे थे
कभी पियेंगे उसके नाम।

अगर मेहरबां हो, जाए तो
छलका दे आँखों से जाम
नहीं तो बीत गई हैं जैसे
प्यासी, तन्हा शबें तमाम

नहीं तो, लौट जाएंगे जैसे
पहले लौटे तश्नाकाम[4]
ख़्वाबे परीशां आँख में लेकर
पहलू में दिल-ए-नाकाम।

---

1. बिखरा हुआ स्वपन, 2. बिना सपनों के, 3. धर्मोपदेशक, 4. अतृप्त।

राहगुज़र

क्यों चौंक के नींद से उठ बैठे
मिरे लफ़्ज़ अंधेरी रातों में
क्या दर्द के कंगन खनके हैं
तेरे नर्मो-नाज़ुक हाथों में।

तिरे दर्द के सबब से वाक़िफ़ है
तिरे ग़म के हवाले जानते हैं
उस दुश्मने-जां को जाने-सुख़न
हम दूर से ही पहचानते हैं।

तिरी आँख में आँसू देखे तो
गुज़रे हुए मौसम याद आए
याद आए शिकस्तः ख़्वाब कई
तिरे नाम के कुछ ग़म याद आए

उस राह पे थे हम जान मिरी
जिस राह सनाशा कोई नही
हर गाम[1] पे रहज़न मिलते थे
यूं पास असासा[2] कोई नहीं।

हम तन्हा-तन्हा जाते थे
इक मोड़ पे फिर तुम आन मिले
दिल के गुलशन खुशबू बिखरी
अरमानों के सब फूल खिले।

---

1. क़दम, 2. पूंजी।

देखीं तेरी साहिर आँखे
उनमें इक ख़्वाबे मुहब्बत भी
फ़िक्रो-फ़न[1] जिसके दीवाने
वो देखी तराशे-क़ामत[2] भी।

हमने तेरे हर आँसू को
पलकों से चूमा गुहर किया
उस नूर में मेरे लफ़्ज़ों ने।
तारीक रात में सफ़र किया।

कूचा-ए-जीस्त के सब राही
मजबूर थे अपनी फितरत से
जो नज़र उठी लालच से भरी
या भरी हुई थी नफ़रत से

जिस बस्ती में थे हम जानां
वहां इश्क़ गुनाह समझते थे
सदियों से वहाँ पर नफ़रत के
कुछ कारोबारी रहते थे।

ना सोगवार हो दुनिया के
कब रस्मो - रिवाज बदलते हैं
कब आह से जंजीरें टूटीं
कब अश्क से कुफ़्ल पिघलते हैं।

मंज़िल पे नही, है राहों में
है लज़्ज़ते - सफ़र[3] निगाहों मे
हासिल - ए- सफर तिरी मुस्कानें
मिरी ज़ीस्त है तेरी बांहों में।

---

1. विचार एवं कला, 2. देह का गठन, 3. यात्रा का आनन्द।

उठो दहक़ान! अपने खेत देखो

बदल जाते हैं सारे वक़्त
सब मौसम बदलते हैं
बदलते वक़्त के संग टूट जाते
आस के धागे
मगर फिर भी,हिरासां यूं नहीं होते...

उठो दहक़ान! अपने खेत देखो
जहां है फ़सलें मुरझायी
जो पानी को तरसती हैं
जहां दानो के संग में आस भी बोई गई थी कल
मगर अब भूख उगती है।...

कभी धरती के लब पे आ गई
दिल की दुआ सच्ची
कभी बारिश की रहमत हो गई तो
फ़सल भी अच्छी
बचाकर सबकी नज़रों से
बालियां हरी रेशम गोद में अपनी
पालतीं दूधिया दाने...

महाजन की नज़र से
बच नही पायी खुशी कोई
हवा फ़सलों से सरगोशी करे जब
तुम्हारे खेत तो गिरवी रखे हैं...
तुम सुनते हो और खुद से रूठ जाते हो

तुम्हारी क़ोशिशें नाकाम रहती हैं
फ़ज़ा वैसी ही रहती है
किए कुछ भी नही होता तो
ख़ुद ही टूट जाते हो...

कई आंखें चरागों की तरह रोशन
तुम्हारी राह तकती हैं
तुम दाने बेच कर आते हो मंडी से
तो बच्चे द्वार पर मिलते
मगर कुछ भी नहीं कहते
तुम्हारे हाथ खाली देखकर
सब जान लेते है।...
अपने ही पसीने में डूबे
दाने-दाने के साथ पके
सोये हैं भूखे किसान वही
जो कुछ अब देख रहे हो तुम
पहले भी यही दोहराया गया
सदियों से हुआ है ऐसा ही...

उठो दहक़ान[1] अपने खेत देखो
इन्ही खेतो में मिल गये हैं अजदाद[2] सारे
ख़ाक होकर
उन्ही के जिस्म की खुशबू संजोये
आज तक मिट्टी
इसी मिट्टी में अपने ख़्वाब...
बोयेंगी नयी नस्लें
अभी हिम्मत न हारो
जिंदगी है तो उससे जुड़े सब
मौसम बदलने हैं
खेत धरती का हिस्सा है
वही धरती जिसे हम मां बुलाते हैं...

---

1. किसान, 2. पूर्वज

हमसफ़र

तुम साथ चलो तो कोहेगरां[1] का
लंबा सफ़र आसान भी है।
राहों कीं गर्दों-गुबार सही
पर मंजिल का इमकान[2] भी है।

तू आया नहीं तो मौसम का
चेहरा भी लगे उतरा-उतरा
तिरी आस में पलक बिछाए हैं
वादी, पर्वत, जंगल, सहरा।

आओ कि हवाले ख़ुशबू के
फूलों को मिलें खिलते-खिलते
तू आए तो महके बादे-सबा[3]
तिरे साथ सफ़र करते-करते।

तिरे क़दम की आहट से जानां
मौसम के तवाफ़[4] बदलते हैं
तिरी नज़र अगर पड़ जाए तो
दरिया-ए-वक़्त मचलते हैं।

लब खोल वजूद तिरा संवरे,
संवरे कि नयी पहचान मिले
लय सुर में ढले तेरा दर्दे जिगर
तिर नगमों को नयी उड़ान मिले

---

1. दुर्गम पहाड़, 2. सम्भावना, 3. समीर, 4. परिक्रमा।

तू बोल कि रूह की बेचैनी
एक सदा का पैराहन[1] मांगे
अब खोल दरीचे नींद के सब
तू जाग कि हर्फ़े-सुबह जागे।

सब हर्फ़े - मलामत[2] तूने सुने
पर वो नमनाक नज़र भी है
इस शिद्दते धूप के रस्ते में
इक सायेदार शजर भी है।

हैं ज़हर के प्याले, दारो-रसन[3]
और सबसे बढ़कर ज़िन्दां भी
इन सबके बीच सहेजना है
वो ज़ीस्त का ख़्वाबे-परीशां[4] भी।

चलना ही नसीब मुसाफ़िर का
ठहरी दुनिया के तंज़[5] भी क्या
इक दुश्मने-जां के बिछड़ने का
अफ़सोस है क्या और रंज़ भी क्या।

1. परिधान, 2. निन्दा के शब्द, 3. फाँसी का तख़्ता, 4. बिखरा हुआ स्वप्न, 5. व्यंग।

समन्दर

कुछ मौसम सादा रंगों के
इस कैनवास् पे उतरे हैं
हर अक्स से तेरा अक्स जुदा
तिरे रंग सभी से गहरे हैं।

इक रंग है तुझसे मिलने का
इक रंग है तेरी चाहत का
इक रंग खुदा की तराश का भी
इक रंग है तिरी इबादत का।

रेशम सी छुअन का रंग एक
इक रंग महकती सांस का है
इक रंग ग़मे-ज़िन्दां का तो
इक रंग निज़ात की आस का है।

चलती है मुसव्बर[1] की कूची
सब ख़्वाब के अक्स अयां होते,
इक अहद के आँसू ग़म, सपने
फ़न के पैकर[2] में बयां होते

फूलों पे सजी शबनम बनकर
अश्कों की निशानी तेरी है
सौ बार कही पूरी न हुई

1 चित्रकार 2. कला की आकृति (आकार)।

सुख दुख की कहानी तेरी है।

अहसास की पलकें चूम - चूम
मौसम के क़ाफ़िले गुज़र गये
सब उमड़े दरिया रंगों के
तिरी-आँख में आकर ठहर गये।

लफ़्ज़ों के खुले हैं लब जब भी

हर रोज़ ही मिलना होता था
हर रोज़ बिछड़ना होता था
लफ़्ज़ों का एक कारवां था
जो साथ में मेरे चलता था
यूं माल-मनाल[1] तो कुछ भी नहीं
सर पे इक बोझ सा भारी था
यू चलते तो थे सधे क़दम
ज़ेहन में नशा सा तारी था...

कुछ दुख तेरे कुछ दुख मेरे
कुछ गहने नीम की सींकों के
कुछ ख़्वाब शिकस्तः पलकों के
कुछ क़फ़स की तनहाई के पल
ज़ख़्मी परवाज़ें...टूटे पर
मुस्कान के साये में आँसू
बेनाम सी चाहत के दुखड़े
सब इक गठरी में बाँधे थे...

अपने ही पसीने में डूबे
मिट्टी में ख़्वाब जो बोते थे
जब खेतों में उगती, भूख तो फिर
मिरे लोग हिरासां होते थे
मिरे लोगो ने सौंपी मुझे क़लम

---

1. धन सपत्ति, 2. दुर्गम पहाड़, 3. तैराक, 4. काव्य मर्मज्ञ।

उनके सब ख़्वाब शिकस्तः थे
उनके सुख-दुख अरमां सारे
मिरे लफ़्ज़ों से वावस्तः थे...
इक कोहेगरां[2] दुख दर्दों का
चढ़ना था नंगे पांव जिसे
चट्टान के सीने नुकीले थे...
फिर एक अश्क का दरिया भी
हर कश्ती जिसमें डूब गई
हरेक शनावर[3] को जिसमें
बस डूब के पार उतरना था।...

ये कारवाँ काले लफ़्ज़ों का
क्यों रवां है इस हालत में भी
सौ बार असासा जिसका लुटा
जिसपे न मता-ए-जां ही रही...

नाक़िद तो न समझा आज तलक
पर सारे सुख़नदां[4] जानते हैं
लफ़्ज़ों के खुले हैं लब जब भी
तो दर्दे-दिल के बयां के लिए
शाइरी के बहाने जारी है
इक सफ़र सुकूने-जां के लिए...

काग़ज़ के फ़लक पे उतरे हैं
अहसास के तारों के लश्कर
इक सोच की माहे-जबीं के लिए
हर लफ़्ज़ की रूह से उठती है बेचैन सदा
जो कहती हैं...
ऐ जाने सुख़न! चाहत के गुल
तिरी याद में रोज़ महकते हैं...
आ देख! सफ़र में हैं अब तक
हम तेरे लबे-शीरीं के लिए...!!

मिरी जान

तुम अपनी ज़ुल्फ़ खोलो और बिखरा दो
ताज़गी से भरे गुन्चा दहन[1] पर
घटा ग़म की हमेशा ऐसे ही झुकती है
मेरे ख़्वाबे रोशन[2] पर
तुम्हारे जिस्म की खुशबू
महकती है मिरी साँसो में
जैसे पहली बारिश में
भीगी हुई मिट्टी महकती है
तुम्हारे सारे मौसम मेरे ख़्वाबों के
चमन से होकर गुज़रते हैं....

तुम अपना हाथ सीने पर रखो
ज़रा महसूस कर देखो
तुम्हारे सीने में जैसे
तुम्हारा दिल धड़कता है
इसी अंदाज़ में रूपोश दरिया[3] इक कोई
जो मेरी आँख में हर पल उमड़ता है

लबे-दरिया[4] पे देखो
पलकों की शिकस्तः कश्तियां हैं
सभी पतवारें टूटी हैं
आशना[5] थीं जो मांझी से
सभी लहरें भी रूठी हैं

1. फूलों जैसा चेहरा, 2. चमकता हुआ स्वप्न, 3. छिपी हुई नदी, 4. नदी के किनारे, 5. परिचित।

तुम्हीं आओ तो शायद
मुश्किलों का हल कोई निकले
तुम्हारे साथ ही दरिया-ए-ग़म से
पार होना है
नहीं तो जान मेरी!
लहरों के हमले से
शिकस्तः कश्तियों को क्या बचाना है
ये तूफां का आना तो बहाना है
नहीं तो क्या अकेले पार जाएगें
नहीं तो डूब जाना है...

ऐ! वक़्त के हाथों सताये हुए।

ऐ। वक्त के हाथों सताये हुए
हर रात न ग़म की रात करो...

संसार के बंधन अपनी जगह
जीने देंगे कब अपनी तरह
मिलते हैं लोग विछड़ते हैं
हर रोज़ ही नीड़ उजड़ते हैं।

रोने धोने से क्या होगा
काबू अपने ज़ज्बात करो।

ज़ंजीर हवा को पहनाएं
तावान वसूलें नदियों से
ख़ामोशी से सुनते आए तुम
वही बोल रहे हैं सदियों से

अब खुद ही फ़साना अपना कहो
नया तर्जे-सुख़न[1] तलाश करो।

किरदार से नहीं क़बीले से
आशिक़ पहचाने जाते हैं
कू-ए-जां इश्क़ की रस्म नयी
फिर भी दीवाने जाते हैं

यूं ही न लुटा दो सब आंसू
ऐसे न पलक नमनाक करो।

कुचले जाते हो जुलूसों में
यूं परचम तुम्हीं उठाते हो
हंसते है तुम्हारे हाल पे वो
तुम ज़ख़्म जिन्हें दिखलाते हो।

वो फूलों की सेज पे सोते हैं
तुम जागो गरेबां चाक करो।

अहसासे चमन के दीवाने
लौटे तो सफ़र की धूल लिए
दिल में टूटे फूटे अरमां
तन पे ज़ख़्मों के फूल लिए।

खुशबू का हाल सुनो उनसे
कभी बादे-सबा[2] की बात करो।

अश्कों के ख़्वाब लुटा सारे
भटकोगे भी कब तक प्यारे
अरमानों का कशकोल लिए
जोगी की तरह द्वारे-द्वारे।

जो वक़्त ने किया तुम्हारे संग
वही जुल्म न अपने साथ करो।

ऐ। वक़्त के हाथों सताये हुए
हर रात न ग़म की रात करो...

1. बात करने का अंदाज, 2. प्रातःकालीन समीर।

अब्र

खुलते हुए उस आसमान के
दरीचे[1] से
नमनाक[2] टुकड़ा अब्र का इक
झांक रहा है
जिसको लिए दिए हवा
फिरती है देर से...
रह रहके गूंज उठती है
इक कूक मोर की...
जैसे फ़ज़ां में रंगो का
जादू बिखरता हो
अपनी ही धुन में डूबा हुआ
नाच रहा है।...

जलती रही ज़मीं जिगर में
तश्नगी[3] लिए
तकती रही फ़लक[4] नज़र में
बेबसी लिए...
दम तोड़ने लगी थीं दिल में
लाख ख़्वाहिशें...
जां भूल गई
मौसमे-बारिश की लग्ज़िशें[5]
मौजे-नसीम[6] की हथेलियों पे लिखा जो
खुशबू का कोई
हर्फ़-हर्फ़ बांच रहा है।

---

1. खिड़कियाँ, 2. भीगा हुआ, 3. प्यास, 4. आकाश, 5. आनंद अनुभूति, 6. हवा की लहर।

प्यास

मीठे पानी का आबशार
कल मिला मुझे तो उसने कहा
क्या प्यास की शिद्दतें अब भी वही
कहो, सफ़र तुम्हारा कैसा रहा?

क्या अब भी ख़्वाब सजाते हो
बादल के, धूप के, पानी के
क्या अब भी मोहब्बत करते हो
गाते हो गीत जवानी के।

क्या सुबहो - शाम परिन्दों की
परवाज़ में ध्यान डूबता है
क्या अब्र के परदे हटाते हुए
वो सोच का चाँद झाँकता है।

कुछ दिल की सुना मेरे शाइर
खोया खोया गुमसुम क्यों है
तिरे दिल के चमन में उदासी का
ठहरा ठहरा मौसम क्यों है?

कहते भी क्या ख़ामोश रहे
हम सारे सवालों को सुनकर
जब सारे जवाब ही तुझपे थे
तिरी आँख में थे सारे मंज़र।

कोई चाप उभरती नहीं है अब
मुद्दत से तू आया नहीं इधर
पलकों पे नींद का बोझ लिए
यूं लगे, सो गये प्यास के सुर

हर कुआं अंधेरी सुरंग हुआ
सब कहते सूख गया पानी
पनघट की रौनक चली गई
छायी है अज़ब सी वीरानी।

खो गई फ़ज़ा में जाने कहां
नग़मों की धुन, पायल की खनक
कंगन के सुरों में घुलती हँसी
महकते हुए जिस्मों की लचक।

पर अब भी मुसाफ़िर आते हैं
रूकते है फिर चल देते हैं
घट रखे हुए हैं कुछ अब भी
बिल्कुल कोरे जो रीते हैं।

नसीब

न वक़्त की कोई बंदिशें थी
न बीच में कोई रक़ीब आया
मगर वो कुर्बत[1] भी सच नहीं थी
वो फ़ासले से क़रीब आया।

मैं पूछता हूं ख़ुद से अक्सर
वो ख़्वाब था कि सच में तुम थे
अगर तुम्हीं थे तो बात क्या थी
तुम कौन सी उलझनों में गुम थे।

मगर ये छोड़ो सवाल, शिकवे
केः मौसमे-गुल गुज़र गया है
जो ख़्वाब हम तुम सजा रहे थे
वो रेज़ा-रेज़ा[2] बिखर गया है।

1. सामीप्य, 2. टुकड़े-टुकड़े।

कारवाँ

इक लज़्ज़ते-सफ़र[1] के साथ
ग़म भी बहुत थे
इस लूटे गये क़ाफ़िले के साथ
हम भी थे
सूरज था सर पे
धूप की शिद्दत न पूछिए
बाज़ार रहा होगा जहां से गुज़रते थे
सब अजनबी से चेहरे
बहुत भीड़ भाड़ थी

फरियाद सुनने वाला भी
कोई नहीं मिला
चलता भी कितनी देर तक
रोने का सिलसिला
पहले ही अश्क आँख में सब सूख चुके थे
उस रहगुज़र पे
इस क़दर गर्दो-गुबार था
सबके ही जिस्म धूल की परतों से ढ़क गये
कम हो गया था जैसे
सफ़र का जूनून भी
फिर तो मुसाफ़िरों के जैसे
पाँव रूक गये...
सबके शिकस्तः दिल मता-ए-जां[2] को गंवाकर

1. यात्रा का आनंद, 2. प्राणों की पूंजी, 3. पगड़ी।

नीची हुई निगाह क्या इक पल
के वास्ते
सब देखते ही देखते
दस्तार[3] झुक गये...
फिर आगे चले थके पांव
शाम हो गई
जब सब परिन्द अपने आशियां को उड़ चले
सूरज के डूबने की खबर
आम हो गई...
बस्ती में ही ठहर गया था
मीरे कारवां
महफ़ूज नही था वो अपने कारवाँ के साथ
वैसे भी सफ़र का नसीब
उससे जुड़ा था
हर फ़ैसले के पीछे था
केवल उसी का हाथ
बस्ती से थोडी दूर
इक वादी की गोद में
ख़ेमे लगा लिए सभी ने
शब गुज़ारने
फिर भूख को सिरहाने रख
सोने की कोशिशें...
जो लोग फटे परचमों को छोड़ आए हों
मजबूर इतने
हाथ दुआ में न उठ सकें
महरूमियों में डूबे हुए
टूटे थकान से...
जो नींद के एवज में ख़्वाब बेच आए हों
वो लोग जिनका लुट गया हो
दिल का असासा
वो जो मता-ए-जां को

गंवाकर के आए हों
पलकों पे उनकी नींद उतरती
भी किस तरह
हरेक आँख जागती रही
तमाम शब
पलकों पे बिखरे ख़्वाबों की
यादें समेट कर...।

वो चाँद जो अक्सर ही
शाइरी के जहां में
मशहूर था मेआँरि-हुस्न[1] की तरह बहुत
जिस आईने में
सदियों से शाइर ने देखे हैं
माशूक़ के मासूम दहन के तमाम अक्स
वो चाँद जो
माओं के इशारे समझता था
जिसे देखते ही हुमक उठते गोद में बच्चे
वो चाँद जो मेहनतकशों के
ख़्वाब में आए
शफ़्फ़ाक नर्म गर्म इक रोटी की शक्ल में...
अब तक सितारों ने वो वक़्त
याद रखा है
थी आधी रात चाँद जब
निकला था गश्त पर
उजला सा अब्र बनता गया
उसकी रहगुज़र
हमराह नूर में नहायी
कहकशाँ[2] भी थी
खामोशियों में डूबी थी सुनसान सी फ़ज़ा
फिर सबने सुनी,

1. सौन्दर्य का प्रतिमान, 2. आकाश गंगा।

वादियों में गूँजती सदा
ये तो पता नहीं कि
कौन बोल रहा था...
पर जैसे बन्दे - ए - कायनात[1] खोल रहा था।
महफ़ूज रहे कारवां
मीरे सफ़र का क्या
मुमकिन हो तो हर रोज़ करो
दिल से इक दुआ
शिद्दत से चाहे गर मता-ए-जां को ज़िंदगी
इक दिन तुम्हारे पास फिर से
लौट आएगी
ऐ वक़्त के सताये, खुद पे तो यकीं रखो
दिल को हरम बनाओ
उसे मांगते रहो
खानाबदोशो!
तुमने शब पलकों पे रखी है
होने ही वाली है सुबह
केः जागते रहो...।।

---

1. सृष्टि का रहस्य।

आमद

अलसायी नज़र डूबी
खुमारे-शबाब[1] में
बादे-सबा ने फ़र्के-सुबह[2] चूम लिया है
महके गुलों के लब पे भी
मुस्कान आ गई
कब से उदास दरख़्त जैसे
झूमने लगे
सारे चमन में जैसे
नयी जान आ गई...
दीवाने तेरी शोख़ी-ए-रफ़्तार[3] के सभी
सबके दिलों में आस के : आएगा तू कभी
तेरा वकार[4] तेरा बांकपन तिरी अदा
सुनते ही तेरे पांव की
पाज़ेब की सदा
शाख़ें लचक गईं कि
तेरा लम्स[5] मिल सके
दीदारे-अक्स के लिए
मुश्ताक़ नज़र[6] की
ज़िद पूरी करने मौसमे गुल के
क़दम रूके...
तू आ गई तो दिल को
अब सुकून आ गया
तू आ गई तो आ गई है

---

1. यौवन उन्माद, 2. सुबह का माथा, 3. चाल की चंचलता, 4. गरिमा, 5. स्पर्श 6. कामना से भरी आँखें।

फ़स्ले बहारां
ये साअते इमरोज़[1] जिसमें
राहते-जां है
अब छूट गई पीछे बहुत
कू-ए- निगारां[2]
जब भी झुकी है नीम वा निगाह[3] तिरी तो
साज़े-तरब[4] उठाया हमने
शब गुज़र गई
नग़्मा-ए-ज़ीस्त[5] यूं सुकूते लब[6] पे
छा गया
के : शायरी की जां मिरी
क़िस्मत संवर गई...

1. वर्तमान क्षण, 2. महबूब की गली, 3. आधी खुली आँखें, 4. मस्ती का साज, 5. जीवन का गीत, 6. होठो का मौन।

क़तआ'त

क़तआ’त

मिरी नींदों ने मजबूर किया तो तेरा ख़्वाब सजा बैठे
इस जतन में अपनी आँखों के हम सारे अश्क गंवा बैठे।
अब सुबह हुई सूरज निकला हंसती है देख के धूप मुझे
कैसे हो मुसाफ़िर राहों में जो सारा असासा लुटा बैठे।

☐ ☐ ☐

मुझसे नाराज क्यों है मेरे मेहरबां
जान ज़ख़्मी हुई जिस्म जैसे धुआं।
जब क़फ़स के परिन्दे की तक़दीर थी,
मैने मांगा ही क्यों था खुला आसमां।

☐ ☐ ☐

पाँव भटके मगर तेरा दर मिल गया
खाली हाथों को जैसे गुहर मिल गया।
तुम मिले जैसे सब चाहतें खो गईं
धूप की राह में इक शजर मिल गया।

☐ ☐ ☐

जिस्मो - जां पे ग़मों की कड़ी धूप है
मै जो बारिश में जलती जमींनों सा हूं।
नाखुदा जिनको तूफान को सौंप कर,
जा चुका है, मै ऐसे सफ़ीनों सा हूँ।।

☐ ☐ ☐

आंख खोली है कितने ज़ीस्त के शबिस्तां[1] में
बलाएं लेने को हर सिम्त से चराग़ उठे।
सजाए ख़्वाब कैसे रोशनी के पलकों ने
केः एहतराम[2] में नीदों से चाँद जाग उठे।।

⌑ ⌑ ⌑

तूने सब ले लीं वस्ल[3] की रातें,
रक़ीब![4] मुझको लम्स[5] भी न मिला।
ज़ख़्म सब खिल गये है खारों के,
उसकी चाहत का फूल ही न खिला।।

⌑ ⌑ ⌑

वो भी अहबाब[6] आए हैं यारो!
जिनको रंज़ो-मलाल खास नहीं।
आओ, अल्लाह से दुआ कर लें,
अब तो चारागरों[7] से आस नहीं।।

⌑ ⌑ ⌑

---

1. शयन कक्ष, 2. स्वागत, 3. मिलन, 4. प्रतिद्वन्दी या शत्रु, 5. स्पर्श, 6. मित्र, 7. इलाज करने वाले।

पलकों से चूम के जिन पे तुम लफ़्ज़ों के गुहर सजाते हो
वो कोरे वरक़ है ख्वाब मिरे, मेरे ही ग़म के हवाले हैं।
तिरे सुखन की सारी परवाज़ें नज़दीक से देखी हैं हमने
तेरी शाइरी जैसे भाग कहां? पर हम भी नसीबों वाले हैं।

¤ ¤ ¤

कांटो के ज़ख़्म महकते हैं, अहसासे-चमन[1] खिल जाता है
दुख गायें अवाम का तो उसमें महबूब का सुर मिल जाता है।
सोयी है नीली आँखों की इक झील लहर की बांहों में
कोई शोर का पत्थर मत फेंके, सपनों का जल हिल जाता है।

¤ ¤ ¤

परदे के आगे, पीछे है - इक शख़्स पे हैं किरदार कई
कभी चारागर सा दिखता है, लगता है कभी क़ातिल की तरह
सब देखने वाले हिरासां हैं रह रह के शिकायत करते हैं
क़िस्सा-ए-जीस्त[2] को समझे थे ये लोग मता-ए-दिल[3] की तरह।

¤ ¤ ¤

1. अनुभूति का उपवन, 2. जीवन की कथा, 3. हृदय की पूंजी।

टूटी न ज़ंजीरे-पा[1] जिनकी सूखे नहीं ज़ख़्म भी माथे के
अब सोच रहे कैसे ज़िंदानी[2] उस जश्ने-रक़्स[3] शरीक हुए।
रूहें ज़ख़्मी थीं जिनकी और थे जिस्म निढ़ाल थकानों से,
नींदें भी जाग के साथ मिलीं न नज़ात[4] के ख़्वाब नसीब हुए।

¤ ¤ ¤

वो हुजूम उठा है सरे - मक़्तल[5] तिल रखने को भी ज़मीन नहीं,
कांधे से उतारेगें भी तो रक्खेंगें अपनी सलीब कहाँ?
कोई ऐसा सनाशा[6] आए गले मिल लें जिसके और रो भी सकें
कोई ख़्वाबे-ज़ीस्त की बात करें ज़िंदानी का ऐसा नसीब कहां।

¤ ¤ ¤

1. पांव की जंजीर, 2. कैदी, 3. नृत्य का उत्सव, 4. मुक्ति, 5. वधस्थल में, 6. परिचित या मित्र।

ऐ यार! किताबे गुल[1] में तू खुशबू का समां[2] भी देखेगा,
गर देखने वाला देख सका ज़ख्मों के निशां भी देखेगा।
ग़म के मारों का तर्जे-सुख़न[3] मेआरे ग़ज़ल को बदलेगा,
फिर इक दिन तू मेरे हक़ में नाक़िद का बयां भी देखेगा।।

☐ ☐ ☐

ये गर्दे-सफर[4] जिस्मो-पैरहन[5] से साफ कर
आँखें तो खोल आ गई है कू-ए निगारां[6]।
करते है दुआ, यूं तो नसीबों की बात है,
जाते ही लिपट जाये तुझसे फ़स्ले बहारां[7]।।

☐ ☐ ☐

बला का शोर उठा है जो लब पे आयी है,
वो एक बात छिपी थी जो दर्द सी दिल में।
वो कौन लोग थे कहते थे इस अहद में भी,
वकार[8] सच का है महफ़ूज तेरी महफ़िल में।।

☐ ☐ ☐

---

1. फूलों की किताब, 2. सामूहिक सूफी नृत्य, 3. बात करने का अंदाज, 4. यात्रा की धूल, 5. शरीर और वस्त्र, 6. प्रेमिका की गली, 7. वसन्त का मौसम, 8. गरिमा।

तेरी गोरी छुअन के उजाले रहे,
जिस्म लफ़्ज़ों के थे फिर भी काले रहे।
ख़्वाब सब खो गये, सच के मेले में पर,
हम तिरी हर निशानी सम्भाले रहे।।

¤ ¤ ¤

फूल का पैरहन[1] छोड़कर उड़ गई
ख़ुशबुएं, जब हवा के इशारे हुए।
अब पता क्या कि वो थी ख़िज़ा[2] या कि फिर,
मौसमे-गुल[3] था, जब तुम हमारे हुए।।

¤ ¤ ¤

नींद से ख़्वाब इक फिर जुदा हो गया
जैसे ख़ुशबू का पैकर[4] हवा हो गया।
मेरे मौला! ख़ता की मुआफ़ी मिले,
एक बन्दे को चाहा, ख़ुदा हो गया।।

¤ ¤ ¤

---

1. वस्त्र, 2. पतझंड़, 3. वसन्त का मौसम, 4. आकार।

नूरे जमाल[1] है तो इक आतिश-ए-जां[2] भी है,
इक गुहर[3] जो टपका तेरी आँखों की कोर से।
टूटी नहीं तो छाप खूँ की उभर आयेगी,
इस रोज़ने-ज़िन्दां पे दस्तकें दे, जोर से।।

⌑ ⌑ ⌑

इस तरह से है कुछ तुम से रिश्ता मिरा,
ज्यों हथेली का रिश्ता लकीरों से है।
फूल के जिस्म में जैसे ख़ुशबू रहे,
जैसे बादल का जलती ज़मीनों से है।।

⌑ ⌑ ⌑

❑❑

1. सौन्दर्य का प्रकाश, 2. प्राणो की आग, 3. मोती।